兴化历史文化100问

刘春龙◎主编

江苏凤凰文艺出版社
JIANGSU PHOENIX LITERATURE AND ART PUBLISHING

《兴化历史文化 100 问》编委会

目　录

序 言

江苏兴化，是里下河地区最具典型意义的水乡，这里因古老又独特的垛田文化而声名远播；因施耐庵、郑板桥、刘熙载等一大批历史文化名人而名扬四海。

早在新石器时代，我们脚下的这片水土，还是一片海湾。潮起潮落，沧海桑田，海平面渐趋稳定。随着湖荡沼泽地貌特征及水网平原的出现，这里开始有了容人类活动之地，先民开启了漫长的文明之旅。

今天我们所知道的兴化历史，是从有文字记载开始的。昭阳将军，占越都，破魏兵，夺城池，一路所向披靡，立下赫赫战功。楚怀王将传国之宝“和氏璧”赐给昭阳，又将濒临黄海之地（即今兴化一带）封为昭阳食邑。于是，这里有了自己的“乳名”——昭阳。直到杨吴武义二年（920），才有了一个沿用至今的“学名”——兴化。

从此，文字便在不同的纸质上用大致相同的字体，断断续续记载兴化的印迹。

然而，我们今天所说的史前文明，并没有太多的文字记载。我们只能从不同时期的考古发现，不断还原曾经的过往。我们逐渐清晰的历史脉络足以让每一个兴化人感到无比自豪。影山头文化，静静叙说 6300 年前的新石器时代土著人类活动的点点滴滴；蒋庄遗址的发现，颠覆了学术界良渚文化北不过长江的传统观点；东古文化遗址、南荡文化遗址，像一幅幅拼图，逐渐填补着史前文明的空缺。

翻开尘封的历史，让我们自豪的还有很多。昭阳将军的马蹄战袍，三闾大夫的泽畔行吟，范仲淹的兴学一方，魏源的治水兴利，施耐庵写就《水浒传》，郑板桥“诗书画”三绝……还有至今依然能看到的古城墙、海光楼、四牌楼等历史遗存。

但是，如果我们更深层次地了解兴化丰富的人文历史，挖掘其背后的故事，那我们就得找一把能够打开通往时光隧道的钥匙。这本《兴化历史文化 100 问》，在我们需要的时候，真的成了一把打通历史与现在的金钥匙。它以精致的开本，图文并茂的形式，每篇千字左右的篇幅，向我们娓娓道来。我们可以了解“画蛇添足”这个耳熟能详的成语与兴化昭阳的关系，可以知道垛田的面积居然是用“缸”作计算单位的，知道兴化有

文状元还有武状元，知道中国四大名著与当今兴化文学繁盛之间不可分割的渊源，知道四牌楼及47方匾额背后的荣耀……

当然，这只是一把钥匙，您要熟知兴化，还要备着更多的钥匙。走进兴化，走进兴化“历史长廊”，然后与孔尚任对话，了解他在兴化创作《桃花扇》的灵感；靠近赵海仙，向他讨教中国第一防疫食品“八珍糕”的药方；叩访105位进士、3位相国，知道他们的前世今生、悲欢离合……兴化，这座水网垛城，便会在我们仰视的目光里，渐次开放那人文荟萃、风韵雅致的花朵，呈现鱼米之乡、文学之城的无穷魅力，打上爱我家乡、爱我祖国的鲜红烙印。

历史总是以流水的方式与时光相依。无论您是因流光溢彩的千垛菜花而来，还是因施耐庵、郑板桥而至，或是悠久的人文和秀美的生态吸引了您。兴化，这座古老文化与现代文明交相辉映的宜居小城，总是在日新月异的发展中给您不断的惊喜，与您共享文明发展的累累硕果。

2020年3月15日

1. 为什么说兴化有6300多年的人类活动史？

在史前漫长的演变中，今天的兴化一带是一片海湾。潮起潮落，斗转星移，在距今约7000年前后，海平面上升至现在的位置并渐趋稳定，又逐渐衍生为与外海隔开的潟湖、湖沼，形成湖荡沼泽地貌特征以及水网平原的雏型，于是才开始有了人类的立足之地。

影山头遗址

在兴化林湖乡魏庄东南2里许的影山头一带、面积约5万至7万平方米的范围内，发现了距今约6300年—5500年的人类活动痕迹。从这里出土了石器（如石刀、石斧、石纺轮等）、陶器（如陶鼎、陶釜等）、骨角器（如骨簇、骨匕、骨笄等）

等大量文化遗物及大量麋鹿等陆生动物的亚化石，文化层堆积较厚，文化遗物丰富，文化特征稳定，发展序列完整，保存状况良好，是江淮东部地区面积最大的新石器时代遗址。它的发现进一步丰富了我们对里下河地区人类活动情况的认识，对研究江淮东部里下河濒海地区史前土著人类活动及史前文化具有重要意义。

当时这里水草丰茂，动物麇集，人们聚居在一处呈“回”字形的垛岛上，一条长圪、两道外壕、四条大河，正好拱卫在垛岛四围，使这里成为一座相对安全的“方城”。这是他们几经迁徙，最后选定的栖居地。他们住在用木桩、木架等搭构的半地穴干栏式建筑中，平时进行简单的分工：男子渔猎，妇女采摘，老人留守。在当时的技术条件下，已能制作许多用途不一的石器、骨角器，还有陶釜、陶碗、陶盆等陶器。陶器的胎一般都很薄，有着烧制时草木灰粘附的痕迹，也不太坚固耐用，但在四围皆水的水乡，这些陶器都是不可或缺的器物。许多陶器上都绘有带着亲水特质的饰纹，如绳纹、网纹、水波纹等。

可以说，早在6300多年前，兴化大地上就已经拓下先民耀眼的足迹，兴化的湖荡已被人类纷沓的脚步荡起生息的涟漪。兴化人文历史的帷幕也就从此拉开。

2011年12月，影山头遗址被公布为江苏省文物保护单位。

2. 为什么蒋庄遗址能入选2015年度全国十大考古新发现？

兴化蒋庄遗址发掘现场

蒋庄遗址位于兴化张郭镇东、泰东河畔的蒋庄村一带，距今约5300—4000年。以泰东河为界，遗址分为东西两区。西区以新石器时代良渚文化堆积为主，面积近2万平方米，目前发掘面积3500平方米，发掘清理出284座墓葬，时代涵盖良渚早中晚期，为良渚文化核心区之外已知发现数量最多、埋葬最为密集的良渚文化墓地，是良渚文化迄今为止发现保存骨骸最为完整和丰富的墓地，为研究良渚文化的埋葬习俗、健康状况、社会组织关系与人种属性乃至遗传基因，提供了极其宝贵的实物资料。遗址还清理出房址 8 座、灰坑 110 余座，以及水井、灰沟等聚落遗存，出土玉、石、陶、骨器等不同材质遗物近 1200 件。

158 号墓船形棺

从遗址尸骸中提取骨样的胶原蛋白中发现：蒋庄人以肉食为主。人们在遗址中发现了鱼钩，撒网用的陶坠，大量的麋鹿骨。一只复原的陶壶壶身上刻画着猎获野猪归来的场景，折射着原始渔猎在人们生活中的重要作用。与此同时，还发现了桃、杏、枣、葫芦籽、甜瓜籽和芡实等；在陶器的碎片中发现了稻谷壳，说明蒋庄人在采集的同时，已学会种植水稻，使得食物来源更加丰富。

墓葬中的女性一般陪葬纺轮，男子的陪葬品有石钺等。这种差异，说明当时男女已经有了分工，“男耕（战）而食，妇织而衣。”

在158号墓中发现的船形棺，长约3.2米，宽约1.47米。此外还发现了长达两米多的橹，这些都留下了兴化先民造船的印记。船的使用，使他们解决了在水网沼泽地带的出行问题，能够自由出入在纵横交织的河流间。

墓地中所发现的无首、独臂、无掌或身首分离以及随葬头颅的现象，可能与战争或戍边相关，为良渚文明边缘区域的聚落、社会形态的研究提供了新材料，从而对研究良渚文明都邑聚三重社会结构、国家形态具有重要意义。

在墓葬区中间，还发现了玉琮和玉璧。其中一个柱形玉琮，长约20公分，内圆外方。天圆地方，是古人对天地的认知。这是在长江以北首次发现随葬琮、璧等玉质礼器的高等级良渚文化墓地，突破了以往学术界认为的良渚文化分布范围北不过长江的传统观点，充分证明其是良渚文化的重要组成部分。出土的各类陶鼎等主要炊器具有鲜明的里下河地区的自身特点，对于构建江淮

地区史前考古学文化谱系、研究良渚文化与土著文化以及北方大汶口文化的关系，都具有重要意义。

出土玉琮

蒋庄遗址是长江以北地区首次发现的大型良渚文化聚落，对全面、深入研究良渚文明与良渚社会提供了新资料，填补了长江以北地区良渚文化考古发现的空白。2016 年 5 月 16 日，在国家文物局组织的评选中，兴化蒋庄遗址入选 2015 年度全国十大考古新发现。2019 年 10 月，蒋庄遗址入选国务院公布的第八批全国重点文物保护单位。

3. 东古遗址和南荡遗址分别有哪些重大发现？

东古遗址，位于戴窑古牛村东古庄东北角，距今约 4500 年。这里曾发掘到排列整齐的石斧、石锛、石钺等 11 件石器及陶鬲等黑陶器物，石器造型优美、表面光洁、镂孔精致，是良渚文化的典型器物。已进入原始文明社会的良渚文化由于北进失利及水患，其文化主体很快衰落。但良渚文化的北进曾刺激了中原地区原始文明的极大发展，并产生剧变，最终形成了中国繁荣的早期文明。东古遗址的发现说明这里曾是良渚文化由长江下游太湖流域由南向北沿海北进、逐鹿中原的一个落脚点。

南荡遗址出土的陶器

南荡遗址，位于林湖乡戴家舍南荡一带，距今约 4200 年。正当华夏文明之曙光升起的英雄时代，里下河地区成为活动在江淮流域的东

夷人的聚居地之一。东夷是古代对东部海滨诸族的泛称，是我国最古老的民族之一。史载东夷人身材高大、民风淳朴。在南荡遗址出土的文物告诉我们：那时，居留在这一带的先民已能用简陋的工具如石刀、石锛、石凿、石镞、骨锥等向自然界索取和创收更多的食物来源、更好的生活条件、更高的生活质量。已懂得用木桩、木架等搭构简便的榫卯结构半地穴干栏式建筑，以陶瓮、陶碗、陶壶等生活用具盛载劳作的收获，已有原始的审美观。南荡遗址是河南王油坊类型龙山文化向江南宁镇地区点将台文化迁徙的中转桥。

南荡遗址作为河南王油坊龙山文化由北向南迁徙过程中的遗留，和由南向北扩张的东古良渚文化遗址虽然类型不同、特点各异，但今兴化一带无疑是南北文化迁徙交融的交汇点之一，充分体现了这里的涵蓄和包容。

4. 姜子牙“避纣”隐居兴化何处？

《孟子》《史记》记载，姜太公因躲避商纣王暴政，隐居“东海之滨”。从《吕氏春秋》《史记集解》可知，他隐居的“东海之滨”是“东夷之土”，

指淮河中下游东夷聚居地，在今江苏里下河地区、长江以北至淮安这一段海滨，兴化正处于这一地区。

姜子牙垂钓场景

查淮河中下游海滨地区地方志，唯有明嘉靖三十八年（1559）成书的《兴化县志·古迹》中“姜太公庙”一条，记载他避居兴化之事：“姜太公庙，在县东北四十里，旧名钓鱼庙，相传太公避居于此地。”“相传”指代代口头流传，三千多年前这里是荒凉海滨，无古文献记载，只能据“相传”记录。“避居”是避纣而居，与《孟子》等书所说完全一致，可见当年姜子牙隐居的东海之滨，就在今天的兴化钓鱼镇。因这是在东夷之土范围内，是地方志中的唯一记载，因而不存在争议。

到北宋兴化知县范仲淹重修捍海堰时，兴化县域仍东到海边，兴化仍称为“东海之滨”，如明状元首辅李春芳退休回家写的《致仕抵家谢恩表》说：“臣惟与田夫野老歌太平于东海之滨，仰祝圣列神谟保至治于万年之远。”仍用“东海之滨”代指兴化一带。

从时间看，《尚书》记载周文王建国约在公元前1058年，姜子牙在这之前遇到周文王被重用。因此，姜子牙隐居东海之滨的时间应早于公元前1058年，据今约3100年。

以上古籍记载也与史实相符，商纣王时向东南扩张，控制了江苏北部沿海，兴化新石器时期已成陆，必然包括在内。再从钓鱼镇东南林湖乡魏庄西村影山头遗址来看，经省内外考古专家勘查，确认是江淮东部地区一处面积最大的新石器中晚期古文化遗址，发现大量水稻植硅体，证实影山头先民早在6000年前就已栽种水稻。可见3100年前姜子牙隐居钓鱼庙村时，这一带已种植水稻，又有鱼虾可捕，芦苇成片可盖屋、作燃料，生活方便；而交通闭塞，出门要船，确实适合隐居。

《史记》还记载：西伯（后为周文王）被商纣王关在羑里，他的臣子散宜生、闳夭都了解姜子牙的才干，到东海之滨请他去营救西伯。他就

和散宜生、闳夭从兴化钓鱼庙到西部（今陕西）去，物色美女和宝物献给纣王，西伯才被放回封地。此后姜子牙助周灭纣，被封于齐。

5. 成语画蛇添足与楚将昭阳有何关联？

楚怀王六年（公元前323），昭阳率领楚军取得楚魏襄陵之战的胜利，威震六国。楚怀王因此将江淮之间濒临黄海之地（今兴化一带）封为昭阳的食邑。

昭阳画像

战后，楚怀王命昭阳率领襄陵之战后的得胜之师，兵进齐国。齐王闻讯，忧惧不已。这时，纵横家陈轸作为秦使来到齐国，听闻此事，主动请缨出使楚军。他来到楚营，见到昭阳，行礼完毕，问道：“按照楚国的制度，破敌杀将最

高能封什么官爵？”昭阳答道：“官至上柱国，爵为上执。”接着又问：“还有比这个更高的吗？”昭阳说：“那只有令尹了。”陈轸说：“您已经是显贵无比的令尹了，楚王不可能封您两个令尹吧？将军听说过画蛇添足的故事吧？几位门客画蛇争酒，其中一人先画好蛇，可他又给蛇添上脚，结果这位首先画好蛇的门客手中的酒却得而复失，被其他门客饮用。因为蛇本来无脚，给它硬添上脚，就多此一举了。如今将军辅佐楚王攻打魏国，破军杀将，功勋卓著，名震诸侯。凭这些，将军足以立身扬名了。现在您移师攻齐，胜了，您的官爵不仅不能再加，而且还会有功高震主之患。万一失利，反而会导致身死爵夺，一世英名，毁于一旦。这不正如那画蛇添足者吗？君王的心中，只接受胜利，却不允许失败。我为将军您考虑，不如适可而止，就此收兵，对齐有德，对楚无害，才是真正的明智之举啊！”

昭阳闻言不语，沉思良久。叱咤风云、谋略过人的他，自然能听出陈轸滔滔之辩中的弦外之音。但战国时代本就是风云叵测、成王败寇、弱肉强食的时代，功高盖主而不知收敛者往往难得善终。

第二天，昭阳拔寨回师，画蛇而不添足。

回国后，昭阳急流勇退，并请求归老食邑，率昭、景、屈三姓子弟来到南黄海之滨的那片斥卤之地，开始了新的创业历程。此后不久，昭阳病死在食邑，葬于邑西。封土成丘，被称为昭阳山，简称阳山，昭阳十二景之“阳山夕照”即为斯处。

6. 兴化为什么别称昭阳？

昭阳，名云，字阳，官至楚国令尹、上柱国大将军，位极人臣。其祖父昭奚恤为春秋时楚宣王大臣。楚王族本姓芈，本支为熊氏，另分为昭、景、屈三氏（三户）。《史记·项羽本纪》曰：“楚虽三户，亡秦必楚也。”

楚威王六年（公元前 334），昭阳率兵攻打越国，大败越军。江淮地区含今兴化一带因此并入楚国。

楚怀王六年（公元前 323），昭阳统兵伐魏，在襄陵（今河南睢县）大败魏兵，夺得八座城池，战功显赫，威震六国。此战在古代军事史上影响颇大，被称为“楚魏襄陵之战”。战后，楚怀王将江淮之间濒临黄海之地（即今兴化一带）封为昭阳的食邑。

山子庙昭阳殿

昭阳遂率昭、景、屈三姓子弟来到食邑，放下戈矛，执起犁锄，在这片土地上，开始了开榛辟莽、垦荒种植、渔猎煮盐的创业历程。

昭阳殁后，葬于采邑所在地。封土成丘，形似覆斗，高三丈有余，上设祠堂，周植树木，周围二十余丈，称为昭阳山，简称阳山。因是人工山，当地人称为“山子”。山下九河汇聚，碧水竞流。人称昭阳为“山子府君”，所葬之地为“山子村”；山巅祠宇，称“昭阳庙”，又称“山子庙”。殿内供奉着身着戎装、器宇轩昂、威风凛凛的昭阳将军站立塑像，两边的抱柱楹联，格外醒目：“渤海镇军压六王而霸楚，阳山食采留三户以诛秦。”其中饱含对这位楚国良将的赞美和怀念，也表达了希望山子府君保佑一方水土平安的寄寓。

“有美昭阳君，渥惠在黔黎。抔土荐寒泉，声与天壤期。”为了感恩这位一方水土的开发者，人们把这里人烟最为稠密的地带命名为“昭阳”，流传至今。唐代，这里设昭阳镇。五代时，杨吴政权置兴化县，昭阳镇为县治所在，“昭阳”就成了兴化县的别称。

“孤城野水带斜曛，西望高原楚将坟。”千百年来，人们凭吊昭阳，每年春秋二季，前往山子庙一带祭祀、缅怀昭阳大将军。看阳山峨峨，原草芊芊，烟波渺渺。每当傍晚时分，残阳如血，碧水如镜，映照着绚丽彩霞，缤纷花木；殿宇巍峨，古墓苍翠，突兀在荒原平川之上，气势雄浑，被誉为“阳山夕照”。“阳山夕照”，作为古昭阳的历史见证，成为兴化“昭阳十二景”中历史最为悠久的景观之一。而昭阳的雄猷英姿，也就世世代代鲜活在水乡人民的传说和想象里。

7. 兴化为什么有多处纪念屈原的祠庙？

战国时期，昭阳伐魏功成，楚王裂海滨之地（今兴化一带）为其食邑。相传，当昭阳率楚国贵族昭、景、屈三姓子弟来到食邑之时，负责主管和训导

这三姓的“三闾大夫”屈原也曾随之前来，行吟于“楚水”泽畔。

屈原名平，字原，曾任左徒（副宰相）、三闾大夫等职。公元前278年，楚国郢都（今湖北江陵）被秦国攻陷，楚国危在旦夕，屈原感到理想破灭，遂于同年农历五月初五投汨罗江殉国。这真是：“孤忠一片委清波，留得芳名永不磨。雅志未酬缘命薄，高才欲骋奈时何！”

兴化既被楚化，有感于屈原忧民而生、忧国而死，特于唐开元年间（713—741），在城南建三闾大夫庙供奉屈原及其胞姐女媭。由于屈原曾在《渔父》中借隐者在泽畔吟诵楚国民歌《孺子歌》：“沧浪之水清兮，可以濯吾缨；沧浪之水浊兮，可以濯吾足。”表达他“世人皆浊我独清，世人皆醉我独醒”的情志，故兴化人民将庙建于水边，并将此水命名为沧浪溪（今沧浪河）。

除了楚国核心区以外，设有三闾大夫庙的城市，仅有兴化一处。“三闾遗庙”被列入“昭阳十二景”，充分表达了兴化人民对这位兰品橘志的伟大诗人千年不绝的景仰和尊崇。兴化三闾大夫庙历经千数百年，至清道光年间，屈原塑像由“三闾大夫庙”内移至增建在拱极台上的景贤祠，屈原胞姐女媭的塑像移至北小街节孝总祠，屈原

像后又由景贤祠移至儒学街文昌阁。同治年间，重修拱极台，台上专设屈子祠，又将屈原塑像由文昌阁移入屈子祠。1996年10月，兴化市人民政府重建拱极台，将屈原画像供奉在海光楼东侧屈子祠中。

兴化另有一处明代以前纪念屈原的祠庙，即位于东城内东岳庙与成家大司马府之间的“竞渡庙”，庙内陈列着屈子遗像和五月端午“龙舟竞渡”时的仪仗、陈设。

“遗庙古城外，东风花乱吹。奠浆须吉日，竞渡忆当时。”端午节是祛病防疫的节日，也是祭奠屈原以及颂扬华夏民族高洁情怀的节日。是日，兴化地区“角黍（粽子）馈遗”，剥开热气腾腾、粽香四溢的箬叶，洁白的糯米黏附着绵绵的情愫。宽阔的河湖间，“龙舟竞渡”，诵祭文、献兰芷、抛角黍，鼓角争鸣，百舸竞流，万众欢腾。明清两朝方志皆有记载，此为“吊屈子遗事也”。

8. 秦汉之际的蒯通为何葬于兴化？

兴化城南八里铺，有一座高大神秘的土冢，一直被当地人称为“蒯墩”，墩前河流名为“蒯墩河”。蒯墩中埋葬着何人呢？历来说法不一，

有人认为是西汉辩士蒯通，有人认为是大将樊哙。明代兴化籍兵部左侍郎魏应嘉在《九日登高蒯墩》一诗中写道：“君不见，八里亭东水绕墩，是樊是蒯竟谁论？秋风洒酒酹抔土，荒原宿草还今古。”当然，最被大家认同的还是埋葬蒯通的说法。嘉靖《兴化县志》中就记载道：“汉蒯通之墓在其下，故曰‘蒯墩’。”

蒯通，本名蒯彻，秦末汉初时范阳（今河北省徐水县北固镇）人，后避汉武帝刘彻之讳改名为通。蒯通辩才无双，善于陈说利害。他与韩信结交，向其献灭齐之策。伐齐胜利后，蒯通又分析天下大势，劝韩信谋反、自立为王，以“三分天下，鼎足而居”。韩信认为刘邦待己甚厚，坚持不从。蒯通因游说不成，遂离开韩信，装疯卖傻做了一名巫师。

优柔寡断的韩信最终在手无兵权时欲与陈豨共同谋反，却被吕后诱捕，杀害于长乐宫钟室，临刑前仰天大呼：“我后悔不用蒯通之计！”刘邦闻知，下令逮捕蒯通，命人对其实行“烹刑”。蒯通大呼冤枉，他说：“狗总是要对主人以外的人狂吠，以前我只知道韩信，而并不知道有陛下您。况且秦朝丧失帝位，天下之人都去争抢，有才能者便可得之。天下纷纷扰扰，人人都争先恐后地去做您想做的事情，只是能力不如您而已，您能把他们都赶尽杀绝吗？”一席话说得刘邦十分熨帖，于是赦免了蒯通之罪。

逃过杀身之祸的蒯通立刻逃出了长安，从此隐姓埋名。到了齐悼惠王时，曹参为齐国之相，一度邀请蒯通作为宾客。当时兴化还是古海陵县北境的一片荒凉之区，湖荡沼泽众多，易于藏身立命。故老相传，蒯通晚年时隐居到了兴化，后来终老于此，被土人安葬于水滨高阜，垒土为冢，称为“蒯墩”。而樊哙墓据说也在兴化，县志记载在“平望铺西”；清康熙年间，土人营葬时曾掘得宝剑一把，形似蒲叶，上隐双龙及古钱纹，镌有“大将樊哙”款识。

9. 名剑“绕指柔”与樊哙宝剑为何现身平望湖？

关于兴化平望墩中出土绕指柔宝剑之事，最早见于明代李承勋的记载。在他所著的《名剑记》中，将兴化平望湖心平望墩出土的绕指柔宝剑列入其中，其后在兴化现存最早的明嘉靖《兴化县志》中，也有详细描述。据记载，该宝剑弯曲能首尾相就，松开可自动复直，宝剑出盒时则“铮然有声”，

其锋利可以断金。另外，明代陈仁锡《潜确类书》对此事亦有引载。

除绕指柔外，平望湖中还出土了另一柄宝剑，清咸丰《重修兴化县志》记载道："康熙初，土人于墓下营葬，得异物，形似蒲叶，上隐双龙及古钱纹，示铁工徐东楼，徐识其款为：'大将樊哙'，曰：'此墓中物，留且得罪。'遂夜投火中。"这柄"形似蒲叶，上隐双龙及古钱纹"的"大将樊哙"宝剑，因是墓中出土之物，被认为不祥而遭焚毁，未能得以传世。

兴化市博物馆藏战国青铜宝剑

值得一提的是，在兴化市博物馆内，收藏有一柄战国时的青铜宝剑。这柄剑由剑身、剑茎和剑格三部分组成，茎上铸有两道凸箍，宽格为凹字形，有首。整柄剑约重 860 克，通长 46 厘米，隆脊有棱，断面呈菱形；利锋刃薄，光泽无锈，造型古朴端秀，具有吴越式青铜剑的典型特征。

从宋代出土的绕指柔、清代出土的樊哙宝剑

到现今兴化市博物馆收藏的战国青铜剑，在百里楚水大地上有迹可寻的宝剑已有三柄，对研究兴化地域文化具有重要意义。历史上的兴化，先后隶属于吴国和越国。明嘉靖《兴化县志》记载：“兴自周武王时，从泰伯之封为吴，迄春秋皆为吴地。”即兴化在长达 700 余年的时间中隶属于吴国。至战国时期，楚国令尹昭阳将军于楚威王六年（公元前 334）率兵攻打越国，使兴化一带并入楚国。相关考古证明，楚灭越以后，吴越地区成为楚国属地，楚国在继承吴越先进青铜铸剑工艺的基础上，进一步将其发扬光大。因此在兴化境内出土青铜剑应该来说不是偶然，而是具有一定的社会文化背景和历史必然。

10. 西汉射阳侯项伯封地在今兴化境内吗？

西汉高祖刘邦打败项羽夺取天下后，就把他的儿女亲家项伯封为射阳侯，封地就在当时射阳湖中间的岛上，这个岛就是今天的沙沟镇。

项伯名缠，字伯。中国古代排行是以伯、仲、叔、季为顺序，“伯”是老大，“仲”是老二，而项伯的“伯”是他的字，并不表示排行，他是项羽的“季父”，就是小叔父。

在鸿门宴前，他得知第二天项羽要带兵攻打刘邦。当时项羽有40万军队，刘邦只有10万军队，根本不是项羽的对手，必将被项羽消灭。过去项伯因杀人犯法，张良救过他。现在张良是刘邦的谋士，即将性命难保。项伯就连夜到刘邦军营找张良，泄露军情，要张良跟他离开。张良却把这一机密告诉刘邦，刘邦立即见项伯，请他喝酒，要和项伯结为儿女亲家，请项伯做项羽工作，不要听小人挑拨，并称决不会对不起项羽。项伯要刘邦明早到项羽驻地鸿门见项羽解释。经项伯劝说，项羽同意在鸿门宴请刘邦。鸿门宴上，项羽的谋士范增几次举“玦”要项羽下决心杀刘邦，项羽不理睬；范增就要项庄在宴席上舞剑助兴，乘机杀死刘邦，而项伯也拔剑陪舞，用身体挡住刘邦，使项庄不能得逞。应该说当时项伯确实救了刘邦一命，所以刘邦在公元前206年封他为射阳侯，封地就在射阳湖中间的岛上，即今天的沙沟镇。

汉代的射阳湖范围很广，水势浩大，“承受扬州、兴化、高邮、宝应、泰州、盐城诸州邑水，东流入海。”由于有射阳湖这一天然水库，周边各州县能旱涝保收，射阳湖一带成为江淮东部重要粮食产区。把项伯封在射阳湖中的岛上，富足安康，但四面环水，交通不便，后来刘邦在射阳湖周边又封了大侄子吴王刘濞，自己的庶长子淮南王刘长，项伯即使想有不轨之心，也难以实现。

直至南宋建炎二年（1128）冬，宋将杜充为了阻挡金兵南侵，挖开黄河大堤，企图以黄河水淹金兵，造成黄河水夺淮河河道入海；至明代，为了保障运河漕运安全，堵塞黄河北岸决口，并修筑北岸大堤。黄河水一次次决口，南下入淮河，携带的巨量泥沙也随之而来，造成射阳湖不断淤积。到清乾隆年间，射阳湖已消失，只留下一些小湖荡，如靠近沙沟的南荡、花粉荡、沙沟荡等，相传项伯死后就葬在岛上。

11. 耿家垛遗址的价值何在？

兴化耿家垛遗址位于垛田街道湖西口村耿家垛，占地约3万平方米。2008年，在第三次全国文物普查期间，发现耿家垛地表以下约1米处，布有大量碎陶片，并发现古井、古街道遗迹及汉代官瓦残片。经考古专家鉴定为我国春秋至西汉早期遗址，距今约2800—2200年。

耿家垛遗址结合境内阳山遗址、蒯墩遗址，共同填补了兴化市春秋至秦汉时期的历史空白。

官瓦的发现表明：西汉初期，此处已设有行政建制和衙署，这对研究兴化城区的迁徙演变具有重要价值。

12. 东晋侨置建陵县因何而设？

西晋建兴四年（316），匈奴兵攻破长安，西晋灭亡。太兴元年（318），西晋皇室司马睿在建康（今南京）称帝，是为晋元帝，建立了东晋政权。

晋元帝定都建康后，收拢人心，安定江左，使得南方的荆、扬、江、湘、交、广等地，赖以保全。虽是偏安，在汉人心目中仍是正统所在。而当时中原地区的汉族人民却陷于异族的统治之下，为了摆脱和逃避异族重压，便纷纷越淮渡江，奔向南方。甚至有许多郡县在当地士族带领下整体南迁。在东晋、南朝辖境的人口中，有六分之一是北来侨民。他们带来了一定的物质财富，更带来了黄河流域的先进生产技术、文化知识和生活方式，极大地推动了江淮地区经济、文化的迅速发展。

在北来的侨民中，有不少是中原地区的士族门第之家。他们在统率族姓、扶持东晋方面发挥了较大作用。为了安抚和安置他们，东晋政权一面让名门望族和移民领袖参加中央或地方的政权机构，一面在南方一些移民较多的地区设立侨置州、郡、县。侨置建陵县就是在这种背景下建立的。建陵县原址在今沭阳境内，因该地被北燕军队攻占，乃于安帝义熙七年（411）前迁建于今兴化境内东南部的边城一带。先属山阳郡，不久属海陵郡。《方舆纪要》载："建陵废县，在泰州东北七十里。"即指此处。这是东晋南朝时在江北设置的为数不多的侨置县之一，可见当时今兴化一带政治经济地位的重要。海陵郡一度将治所徙至建陵，齐因袭之，直到梁朝，才将郡治徙还海陵县。

到了隋朝，隋文帝鉴于原来州、郡、县三级机构重叠，体制过于分散，不利于中央统一管理。乃取消郡一级建制，以州直接领县，变三级制为二级制。隋文帝开皇三年（583），废海陵郡，建陵县并入海陵县。至此，侨置建陵县在今兴化边城一带存在170年左右，比公元920年设兴化县早500多年。

13. 为什么说蒿坡庙为"南朝第一寺"？

我国南朝宋开国皇帝是高祖武皇帝刘裕（363—422），他是汉高帝弟楚元王刘交的后代，他的父亲刘翘曾任郡里的功曹。他幼年时父母去世，家道中落，靠给人家打零工、种地度日，"寄

奴”成了他的小名。尽管生活艰难，他侍奉继母非常孝顺，被邻里称赞。

当时兴化唐子镇（今昌荣镇）一带是海边盐场。我国从汉代起，盐就由国家专卖，成为财政的重要来源，因而贩卖私盐利润丰厚，但如被官兵抓住就要处死，风险也很大。刘裕长大后身材魁梧，练就了一身武功，就到海边盐场贩私盐到江南出售谋利。他来今昌荣镇一带贩私盐时，都住在车路河北岸傅家村。村里有一位老年寡妇，屋舍靠近盐场，买私盐很方便。加上这位老妇宽厚仁慈，济困怜贫，乐于助人，深受盐民尊敬，因此刘裕每次来贩盐都借住在她家里，得到她的关心与帮助，就按吴语称她“好婆”。在吴方言中，称祖母为“亲婆”，称外祖母为“好婆”，刘裕是把她当做自己的外婆看待，感激之情可以想见。

有一次，刘裕买了私盐借宿好婆家时，夜里梦见屋顶脊梁突然断了，屋面坍塌，惊醒后以为是不祥之兆，就请好婆解梦。好婆想了想说，屋脊断了，屋面塌了，檐口不就高了吗？“檐高”就是“盐高”啊！是天神托梦给你，盐就要涨价了，你赶快把盐运到江南，赶上涨价，可多赚些钱呢！刘裕听了喜出望外，连忙动身。到江南后，盐已涨价，他果然赚了很多钱。

刘裕再来贩私盐时，特地带礼物给好婆，表示感谢。好婆说："你武艺高强，祖上又是做官的，怎能满足于冒风险卖私盐赚钱呢？现在世道不太平，你应投军报效朝廷，博个封妻荫子，荣宗耀祖，才是正路。"刘裕听后，猛然醒悟，他回到江南，投奔北府兵，屡立战功，由将军而任相国，受封宋公，进爵宋王，后来他代晋称帝，东晋灭亡，改国号为"宋"，改元永初。他做皇帝后不忘好婆大恩。特地派人到今兴化唐子镇傅家村寻找好婆，而好婆早已去世，屋舍坍塌，宅基上长满了蒿草。于是刘裕下令就在这里建"好婆庙"来祭祀好婆。时间久了，"好婆庙"谐音为"蒿坡庙"。因是南朝刘宋开国皇帝刘裕所建，被誉为"南朝第一寺"。

南朝宋高祖刘裕画像

14. 兴化历史上有哪些重要战事？哪一场规模最大？

兴化四围皆水，交通不便，古为边鄙之地，素不为兵家所重，历史上少经战乱，故有“自古昭阳好避兵”之谓。然而兴化虽非征战之地，却也不是桃花源。当江淮大地上狼烟四起、铁骑奔突，兴化也未能远灾去祸，幸免于战火。兴化境内，也曾有几场恶战。

陵亭古镇图　魏步三绘

这些战争有：唐末陵亭之战、南宋张荣等四义士大败金兵的缩头湖之战、元末张士诚起义过程中的芙蓉寨之战、清初王秀才父子攻打兴化城的抗清义举、1945 年新四军光复兴化城之战。

其中规模最大的是：唐末陵亭之战。

九世纪末，为了争夺以扬州为核心的富庶的江淮地区，发生了反复的厮杀，扬州几经易手。自唐光启三年（887）以来，先是驻守扬州的淮南节度使高骈被手下叛将毕师铎囚杀，后有杨行密率军击败毕师铎，再有孙儒领兵逼走杨行密。

大顺元年（890）一月，宣武节度使朱全忠（朱温）遣部将庞师古带兵十万，渡过淮河，逼向扬州。孙儒亲自率军迎战，在陵亭周围布下重兵，并派疑兵将庞军主力一步步诱往水网密布、地形复杂的陵亭一带，由此引发一场大战，后人称之为陵亭之战。陵亭，即今兴化之老阁，是兴化建县以前境内最古老的集镇，地处蚌蜒河与卤汀河相交叉的十字中心上。东连串场河各盐场，北控兴化，西逼高邮、扬州，南扼泰州、南通。

这是一场决定当时淮南霸权归属的决战。庞师古带来的军队有十万，孙儒集结的军队也有十万。二十万大军麇集在陵亭不大的范围内，足可投鞭断流。

庞师古的军队气势汹汹，水陆并进。孙儒的部下陆上拦截，水上邀击。战车的巨轮于二月己巳日这一天撞击在一起。鏖战的主战场就在以陵亭为中心的淮南东部腹地。

由于庞军劳师远征，连战疲乏；孙军则以逸待劳，迎头出击。庞军多中原将卒，不谙地形，不习水战；而孙儒所募兵卒多为当地人，熟识地形，可谓占尽天时地利。结果，在这场兴化历史上规模最大的激战中，孙儒获得这场战役的最后胜利。庞师古损兵折将，率残部仓皇北撤。

孙儒势力因此而大张。

但好景不长，景福元年（892），杨行密趁孙儒军粮不足，军中大疫，发兵大败孙儒，擒而斩之，进据扬州，被任命为淮南节度使，摘到了最后的胜利果实。

至此，这场历时六年的淮南战乱方告结束。

天复二年（902），杨行密拜东面行营都统、中书令、吴王，据有今江苏、安徽、江西和湖北一部分。其子杨隆演即以此为依托，于天祐十六年（919）建立杨吴政权。兴化置县，即在杨吴统治时期的武义二年（920）。

15. 为什么说兴化是千年古县？

公元 907 年至 960 年是我国五代十国时期。唐天复二年（902），杨行密被封为吴王，成为五代十国中杨吴政权的实际开国者。由于这时唐朝仍然存在，形式上杨行密仍奉唐正朔，并未建立独立王国。天祐十六年（919），杨行密之子杨隆演即吴国国王位，改元武义，自此正式建立“十国”之一的吴国，史称杨吴。

杨吴武义二年（920），析海陵县北部为招远场，同年改为兴化县，至今已有 1100 年，故称兴化为千年古县。

兴化建县基于两个条件。一是安史之乱后，大批北方劳动力涌入境内，形成了一定的人口规模。二是晚唐大历二年（767），在今兴化东部筑成一座拦海大坝——常丰堰，这道大坝如巨龙般呵护着堰西之地，越来越多的良田得到开垦和保障，形成了一定的经济规模。

命名“兴化”，含“兴盛教化”的厚望。

最初的兴化县境，东至大海，南隔蚌蜒河与海陵相邻，西与高邮相接，北与盐渎（今盐城）隔水分界。县治设于唐代的古昭阳镇。

兴化建县，隶属江都府。南唐隶泰州。北宋隶淮南东路（扬州）。南宋先后隶承州（高邮）、泰州。元代隶属扬州路高邮府。明代隶扬州府高邮州。清代隶扬州府。民国直隶江苏省。新中国成立以来先后隶属扬州、泰州市。1987 年撤县建市。

因新中国成立初政区调整，今兴化市东与盐

城市大丰区、东台市相邻，南与泰州市姜堰区相接，西与扬州市江都区及高邮市毗邻，北与扬州市宝应县、盐城市盐都区及建湖县相望。兴化为江苏省历史文化名城，境内沙沟镇为中国历史文化名镇。

16. 捍海堰为何又称范公堤？

北宋天禧五年（1021），范仲淹由集庆军节度推官调任泰州海陵西溪盐监。

他看到：唐代筑建、曾给兴化一带带来福泽的常丰堰由于年久失修，废而不治，坍圮不堪，每当海潮泛溢，已失却拦海护田的功能。每逢海潮倒灌，波涌浪卷，每每农田洗荡，耕地弃荒，五谷无存；一旦西水狂泻，则百里盐场，亭灶冲毁，家破人亡。百姓不堪其苦，纷纷逃离。政府的赋税收入，也大受损失。

于是他向上司泰州知州兼江淮发运副使张纶建言：修筑捍海堤堰，造福沿海黎民，为承、楚、泰三州民众兴无穷之利。

张纶看到范仲淹的呈请，深有同感，依情上奏，请修海堰，并举荐范仲淹任兴化知县。终得仁宗御准：命范仲淹知兴化县事，全面负责这项堤堰工程的运作。

天圣初，范仲淹来到兴化。调阅案卷，走访乡贤，咨询民情，考察地形，勘查常丰堰旧址，测算捍海堰土方，抽调精壮劳力，筹备筑堰工具……

天圣二年（1024）秋，范仲淹率领来自通、泰、楚、海四个州的四万兵夫，奔赴海滨，叠石挑土，兴筑海堰。期间虽有巨潮卷走百余民工之难，母亲丁忧之恸，仍始终不改忧民之衷，不忘修堰之事。

范仲淹画像

他们斗风雪，战骇浪，几经周折，历尽艰辛。天圣六年（1028）春，绵延一百四十二里余的拦海大堤——捍海堰，终于巨龙般横亘在黄海滩头。

捍海堰堤高约五米，堤底宽十米，堤面宽约三米，为夯实土堤，外坡加固以叠石，使洪涛巨浪不能奔激冲刷大堤，在河流穿堤入海处则以砖

石加以围衬，建有草堰、苇港等十多座石质水闸，并在堤内插柳植草，既固堤防，亦添美化，施工技术十分完善。

这道贯通南通、泰州、海州三州的悠远长堤筑成后，发挥着“束内水不致伤盐，隔外潮不致伤稼”的功用。以堤分界，东盐西稼，堤内百余里间，“泻卤之地尽复为良田。”有效解决了兴化“东水”（海潮）之患。当时即有 1600 多户流亡在外的先民闻讯纷纷回归。堤区盐业、农业重新兴旺起来。

“捍海功成百代崇，蛇龙逼薮尽耕农。”捍海堰的建成，使得江淮东部的农耕生产力提高到一个崭新的水平。兴化，也由一片海滩渐成为一座天下粮仓。阴风怒号、浊浪排空处，从此上下天光，一碧万顷。

因范仲淹首倡之功，后人将此堤命名为“范公堤”（现为 204 国道海安、东台、大丰段），“以范之功业，常昭于天下后世。”并于范公堤畔筑“三贤祠”，祀奉范仲淹和对筑堤有功的胡令仪、张纶。虽然该堤在此后的数百年岁月里，又得以多次增建，从一百四十二里余延展到五百多里，但“范公堤”的称呼一直未变，人们对范仲淹的感戴和钦敬一直未变。

17. 兴化最初的官办学校始于何时？

始于北宋天圣初年。兴化县署内有一副对联，联曰："昭阳采邑，文正儒基。"上联说兴化是昭阳将军的封地，下联说谥号文正的范仲淹奠定了兴化儒学的基础，指兴化读书风气很甚，儒学的基础是范仲淹任兴化知县时奠定的。因此说范仲淹是兴化教育始祖并非过誉之词。

事实也是这样。范仲淹在兴化县令任上的政绩除修筑捍海堤外，还十分重视发展兴化的教育，大力为兴化培养人才。他在兴化建学宫，施教化，倡导读书学习之风，是兴化文风昌盛的开始，他功不可没。

范仲淹在兴化南城外南津里沧浪河边建文庙，庙内附设学宫，学宫内有文会堂和清风堂。这是当时全国最早的学宫之一，也是兴化最初的官办学校，为兴化士人到学宫读书、会文，提供了良好的学习环境；他还延请外地名人学者如他的好友、同科进士滕子京，海陵名士许元、周梦阳、查道等到兴化学宫"论道谈艺"，讲学交流，开阔兴化士人的眼界，增长他们的见识，激发了他们读书作文的兴趣，为交通闭塞的兴化打开了通往知识殿堂之门，在兴化形成了以读书为荣的良

好风气，是兴化从杨吴武义二年（920）建县以来教育发展的标杆。

此后兴化学风日盛，人才迭出，这都与范仲淹任兴化知县重视发展教育，打下的良好基础是分不开的。兴化民众为表达对范仲淹的感恩之情，在范仲淹任县官时所建的“古香堂”内设至圣先师孔子牌位，将范仲淹牌位列于孔子之侧，加以供奉，这在全国，包括范仲淹故乡苏州，他都无此殊荣；建范文正公祠，也早于苏州，是全国第一座范公祠；景范名堂，成为“昭阳十二景”之一；东门外大街以北命名为文正里，也是纪念范仲淹的。现在兴化宋县衙内有范仲淹纪念馆，此外还有景范学校、文正实验学校、景范大桥等，都是对他在兴化知县任上筑堤、兴学、造福兴化百姓的最好评价。

18. 兴化最早的园林建筑有哪些？

兴化最早的园林建筑，开始于宋代范仲淹知令兴化之时。

范仲淹在县衙后苑，巧借环境，筑成梅花岭。于岭上栽梅花一株，后人称为“范公手植梅”，并建有梅亭。梅花凌寒飘香，铁骨冰心，正如范公品格，高洁、坚强、谦逊。基于“含辛茹苦，贵以清心”主基调，清心洁行的范仲淹在梅花岭仅布一岭一梅、一亭一轩。

他在园林建设方面更大的手笔，在兴化城南。

古代兴化，四围皆水，城以南汪洋一片，被称为“南津”，亦称“南溪”。这里烟波浩渺，水域阔大，鸥鸟飞鸣，渔歌互答。

在南溪与沧浪溪交汇处的沧浪溪南端西岸，原有一座驿馆，俗称接官亭，是为迎来送往各级官员的码头驿站。沿南官河乘船至此的官员，舍舟登岸，再乘车轿入城。五代后期，该馆毁于后周征伐南唐之战火。

范仲淹徜徉至此，见这里残垣断壁，满目荒凉，乃决意在此处砌驳岸、建亭廊、植花木，将原来的驿馆拓为园林。天圣初年，深谙构园之旨的他亲自参与设计，在花园垛对岸砌成南北长约300米的砖石驳岸，在两河交接处的沙嘴上建筑了两座高大轩敞的凉亭和勾连其间的瓦卷回廊。在两座亭子的基础之上，修建门厅、轩厅、斋馆等配套设施。构筑假山，广植花木。他将驳岸南端的一座正方形歇山顶单檐飞角的凉亭命名为“沧浪亭”，将北岸古码头上八面重檐翘角的凉亭命名为“濯缨亭”，取意屈原《渔父》中“沧浪之水

清兮，可以濯我缨”，突出一个“清”字，挹清波、涤心尘，反映了范仲淹的人生理想和为官理念，即为官清正，与民润泽。

“沧浪清可爱，白鸟鉴中飞。”“笑解尘缨处，沧浪无限情。”此情是念及黎庶，心系民忧之情，也是范公案牍之暇，于斯游息，舒释烦郁，与民同乐之情。

这是兴化第一处文人园林建筑，被称为沧浪亭馆，富蕴人文内涵，“观游奇胜甲一邑”，为昭阳胜景。沧浪亭，比名闻天下的苏州沧浪亭（始建于 1045 年）还要早建 19 年，堪称天下第一。

明时，沧浪亭馆被列入“昭阳十二景”。五朝元老高穀曾欣然赋诗曰：“沧浪亭子枕幽溪，溪上行人入望迷。钓艇尽依青草岸，酒帘高控绿杨堤。尘缨可许当时濯，胜迹重烦此日题。风景满前看不足，野花如绣水禽啼。”

胸中云梦，溢为笔下之波澜，朗朗读来，令人心驰神往。

19. 为什么兴化是范仲淹“先忧后乐”思想的起源地？

范仲淹（989—1052），字希文，谥号文正，苏州吴县人，曾任枢密副使、参知政事，是北宋著名的政治家、文学家。27岁中进士，天禧五年（1021）范仲淹33岁，调任泰州西溪盐监。因捍海堰久废，秋天海潮冲毁盐场与农田，百姓流离失所，他向江淮发运副使张纶建议重修，得到支持。张纶上报朝廷后，天圣初年范仲淹被调任兴化知县，率四州民工修堰。不料遭遇大海狂潮，堤被冲毁，民工伤亡百人，引起朝廷争议，幸得江淮发运使胡令仪的全力支持，才得以继续。后因母丧丁忧离职。张纶自请知泰州，继续修堰，至天圣六年秋完成，民享其利，称之为“范公堤”。

范仲淹在泰州西溪任盐官时，诗文上已有许多留传后世的名篇，如记述西溪生活的《西溪书事》，其中“卑栖曾未托椅梧，敢议雄心万里途”等诗句，强烈地显示了“诗言志”的传统精神。后范仲淹为治水调任兴化知县，正式进入地方政治，经历了修堰的艰难，他毫不退缩，也开始了他以“天下忧乐”为主题的诗文写作。有五言古

诗《书海陵滕从事文会堂》（嘉靖《兴化县志》把标题简略为《文会堂》）为代表：

东南沧海郡，幕府清风堂。
诗书昉周礼，琴瑟咏羲皇。
君子不独乐，我朋来远方。
芝兰一相接，习习庭阶香。
德星相聚兹，千载有余光。
道味清可挹，文思高若翔。
笙磬得同声，精色俱激扬。
栽培俱桃李，栖止俱鸾凰。
琢玉作镇圭，铸金为干将。
猗哉滕子京，此意久而芳。

《书海陵滕从事文会堂》也是兴化文学在地方志留存的最早记录，因而兴化有名存史志的诗，当从范仲淹这首诗起。诗中的“君子不独乐，我朋来远方”正是他后来写《岳阳楼记》所表达的要“先天下之忧而忧，后天下之乐而乐”思想的源头。范仲淹首先要求自己做到“君子不独乐”，而“先忧后乐”思想正是怎样做到“君子不独乐”的具体表现。从这个意义上说，范仲淹任职的兴化正是他“先忧后乐”思想的起源地。因此，这是兴化文化史上的一件盛事，值得我们引为骄傲。

20. 为什么说兴化陈直是世界研究养生学第一人？

《养老奉亲书》书影

宋代兴化县令陈直著有《养老奉亲书》，这是我国现存最早的老年养生与治疗疾病的专著，比西方老年病学第一部著作、1724年英国内科医生弗罗杰爵士撰写的《老年保健医药》早500年，因而《养老奉亲书》也是世界上现存最早的老年养生医疗专著，陈直是当之无愧的世界研究养生学的第一人。他卸任知县后就在兴化终老，所以他可称是兴化人。

万历《兴化县新志》记载，陈直是南宋嘉熙（1237—1240）兴化县令，“尝著《寿亲养老书》。”《四库全书总目提要》收有“《寿亲养老新书》四卷，第一卷为宋陈直撰，本名《养老奉亲书》”、“直于元丰时为泰州兴化令”之载，认为陈直是北宋

元丰（1078—1085）年间兴化知县，任职时间要比《兴化县志》记载早 150 多年。如此推算，要比西方的著作早 600 多年。这本书的原名当是《兴化县志》所说《寿亲养老书》，后来元代邹铉续编三卷，合称《寿亲养老新书》，这是因为已有陈直的《寿亲养老书》，才叫“新书”。在“新书”中第一卷收入陈直的《寿亲养老书》更名为《养老奉亲书》，可能是邹铉为示与“新书”有所区分而改。由于刻本较多，书名也有异，如《宋史·艺文六》载“陈直《奉亲养老书》一卷”，《文献通考》所载亦同。

陈直任兴化知县后，在处理政务之余，能重点研究老年养生，所著《养老奉亲书》分 15 篇，233 条，其中“饮食调治”为第一，“形证脉候”为第二，还有“性气好嗜”“宴处起居”“戒忌保护”“四时养老”及备急药方、食疗方法等。明代宋濂撰《遵生八笺》，其中“四时调摄”所录药品都是这本书上的。这部著作清代被收入《四库全书》，并多次被重刊，还流传到朝鲜、日本，也是现代中医必读养生学专著，时间久远，影响广泛。

书中的“亲”是指父母双亲，所以这不仅是一部谈老年养生与治病的书，还是教导子女懂得

如何孝敬、奉养父母，使父母益寿延年的书，补充了《孝经》的不足。以“饮食调治”为例，他提出如果父母生病，先要“以食疗之”，食疗未愈才能用药，以免先用药伤了父母脏腑；还说父母的饮食要子女亲自调治，要热、熟、软，易于消化吸收。这些内容都是前人没有提到的，具有开创性。

21. 岳飞在兴化有哪些传说和印记？

岳飞“精忠报国”的形象深入人心。兴化，就有许多关于他的传说和印记。

宋金时期，兴化所在的江淮地区成为南宋与金对峙地带，征战不息。建炎四年（1130）七月，岳飞奉檄到江北，以通泰镇抚使知泰州事兼镇兴化，成为兴化实际上的军政主官。岳家军大营便驻扎于通泰镇抚辖区内的兴化缩头湖（今得胜湖）南岸芦洲旗杆荡，并在湖中操练水军。清代王熹儒曾有《旗杆荡》一诗提及此事：“海滨曾驻鄂王营，至今湖水留其名。晴霞射波作五色，参差如见旌旗明。”

绍兴四年（1134）九月，完颜亮、完颜宗弼（兀术）及伪张邦昌再集重兵渡淮南侵。南宋韩世忠、

岳飞画像

张浚、岳飞在扬州西南的门户大仪一带集兵堵截，大获全胜，南宋因此又一次转危为安。在这场战争过程中，岳飞大军追击完颜宗弼（兀术），在兴化境内数进数出。在兴化城北乌旌荡（“乌旌”，意为玄旗，源于道教典籍中称北方玄武“皂毒玄旗，披发跣足”）边，岳飞箭射兀术，兀术头上乌巾应弦而落，从此这里有了一个新的名字——“乌巾荡”。乌巾荡成为岳飞在兴化的民间传说之一。

清代康熙年间，在兴化城内马桥以西淘沙巷东，建成坐北朝南临街的“岳鄂王庙”，即岳王庙。岳王庙三进两院，在深宅大院之间，在悠悠苍天之下，充满凛凛生气。第一进为祠门；第二进为享堂，正中供奉岳鄂王牌位；第三进为正殿，内壁神坛上塑以威风凛凛的岳飞神像，两侧为岳云、张宪等将士。门前立有反缚下跪、大小仅如幼童的秦桧夫妇石像，每年农历二月十五日岳飞诞辰，人们都往岳王庙焚香拜瞻岳王，唾骂秦桧，啖嚼“油炸桧”（油条），地方上命名为“岳王香会”。

英武街南段与张老娘巷半腰间，有一条东西贯通的“系马桩”巷。小巷东首有一长方形的上马石，石旁立有一近一人高的系马石桩，里中相传是当年岳家军驻扎兴化时，岳飞上马、系马的所在。由于这两块石头与岳飞联系在一起，这里便成为兴化城区佑子“寄名”的重要场所，“祭马桩”便成了兴化文化中有着独特含义的民俗。新生男孩三朝日，大人们便捧着祭品跪祭到石桩前，燃香点烛放鞭炮，焚化的黄元上书有男孩的姓名和生辰。家人祷告，祈求男孩如石桩那般坚强，盼求岳王爷如同当年拴战马那般将小孩的魂魄牢牢系在这石桩上，长大成人亦如岳飞那般忠勇、那般坚定、那般有所作为。

人虽死，尚如生。岳飞，在兴化人民的心目中，已成为一个满荷忠勇情结的图腾，旌扬在水乡的晴空。

22. 兴化为何要建“四义楼”？

兴化东城外小尖上，曾有一座四义楼，为南宋时期在兴化抗金的四位义士张荣、孟威、贾虎、郑握而建。

张荣本是梁山好汉，有万夫不当之勇，人称“张敌万”。

他在山东梁山联合孟威、贾虎、郑握等将领，招募渔民组成抗金义军，曾先后在梁山、楚州等地，数克强敌。绍兴元年（1131）三月，张荣等四将率部辗转来到兴化境内的缩头湖边，于这里安营扎寨。大家群策群力，利用缩头湖一带密集的芦荡和垛岛地形，在湖中埋下数以千计的暗桩，形成水中八卦阵。然后诱敌深入，派精兵将金兵诱至布在缩头湖的伏击圈。

金兵乘驾的战船很大，在水乡河网地带无法灵活的进退，反而不及小船盘旋自如。一旦驶入河汊芦荡间，行转不灵，前后遮断，首尾难顾。

纵横交错的湖汊，左右横陈的垛岛，加上湖面苇草丛生，水中暗桩密布，冲入缩头湖的金兵如同进入迷宫，只能处处被动挨打。

此战张荣部大胜，杀死、溺死胡芦巴等数千金兵，而且还活捉了破辣叔以及金兵五千多人，缴获大小船只和物资无数，沉重地打击了金兵的嚣张气焰。挞懒手下精锐尽失，率残部退至淮北。张荣借势一举收复泰州等江淮失地，对宋、金对峙局面的形成以及南宋的稳定和繁荣产生了极为有利的影响。战后张荣被朝廷委任为通泰镇抚使兼泰州知州，并总摄兴化县事，成为主管兴化军政长官。

此战在《宋史》中称之为缩头湖之战，又称得胜湖大捷。战后，兴化民众将缩头湖改名为得胜湖，张荣驻军的水港也被取名“水浒港”，金兵进入的湖口则被称作“冲至口”。

为了纪念四位义士以孤军退劲旅的功绩，也为表达对其护卫水乡一方水土的感怀，兴化人民在东城外小尖最东端的沙嘴上，建成一座高大轩敞、飞檐翘角的正方形重檐“四义祠”（后改称四义楼），供奉四位义士的塑像和牌位。清代四义楼坍废，改为木龛架于东城外大街上。香烟袅袅，数百年不绝。兴化东门外南侧古称“胜湖里”，解放后称“胜湖居委会”，都是为了纪念这一历史事件和张荣等英雄。

从水乡兴化走出来的伟大文学家施耐庵也在《水浒传》中以张荣等四义士为原型塑造出了四位个性鲜明、豪情满怀的水上英雄——张顺和阮氏三雄。

23. 兴化城墙因何而建？

兴化自五代置县以来，经北宋至南宋中后期，300 多年来，一直没有城墙。

兴化古城墙

一来因为兴化地处里下河沿海，古为边鄙之地，且大泽茫茫不通陆，历来不为兵家所重，很少战事发生。由于很少受到外来的攻击，故对历任地方官而言，城池的修筑并非势在必行。

二来由于县治昭阳镇由无数个垛岛连成，浮泊于群水之间，取土困难，垒墙不易，工程浩大，且难成形制。许多官员纵有建城之意，也畏难而退。

然自南宋以来，因宋、金之间以淮河为界，江淮之间便成为双方争夺的重点。地处其间的兴化也不得安宁。百年间，兴化政权数度瘫痪，甚至一度废兴化县为昭阳镇。

13 世纪初，北方蒙古崛起于草原，曾渡淮南下，进犯通、泰。蒙古兵退后，已成衰势的金朝继而南犯。江淮之间烽火连天，兴化也陷于风雨飘摇之中。由于无险可守，各路兵马随意进出，挟兵叛乱的驻军小校戚椿，楚州饥民头领胡得率暴动的饥民都曾攻占衙署，劫掠百姓。百姓蒙难，苦不堪言。

嘉定年间，活动于山东、江淮一带的李全勾挂蒙、金、宋三方，操练舟师，成为南宋的隐患。

当时兴化知县陈垓招徕流民，鼓励农耕，在战乱中兴学校，治水利，保住南宋的一方水土。他非常重视江淮一带尤其是兴化的战略防守，认为建城守土是当务之急，以防御金兵和刚崛起的蒙古兵等北方军队渡淮南犯。他的想法得到宋理宗的批准。南宋宝庆元年（1225），陈垓集结民工，以工代赈，因势规划，就地取土，深浚河道，利

用改造大小垛岛和河道开挖的积土，围绕县衙署四周筑成兴化有史以来的第一座城池。城以土为体，以柴为筋，版筑夯实，周长六里一百五十七步。筑城的同时，改造水道，形成东南西北四门以及四座水关，并将城北多余的积土依城垣内壁堆垒如山，构筑成高台；根据五行方位及其对应四象中的玄武（神龟），将此台命名为“玄武台”。同时，在玄武台上建成用以军事瞭望、攻占防守且寓兴化与淮河一衣带水之意的襟淮楼。又于城上每隔一段筑一哨棚，除守城兵士居留外，棚中还堆放了草苫，每逢雨季即以此苫盖土城城头以防暴雨冲刷坍塌。出于对北方守御的必要，又于土城东北、西北两隅各建一座小城堡，扼水道与土城成犄角之势，屯军守卫，成为城外之城。今关门城及城堡庄便是当年的建城之处。

建城四年后，土城便经受了第一次战火考验。绍定元年（1228），已公开投降蒙古的李全攻盐城，陷泰州，却在兴化遭遇了顽强的抵抗，最后在扬州被赵范、赵葵歼灭，江淮乃得以暂时安定。

24. 为什么说张士诚起兵于兴化？

兴化有句古民谣："十八根扁担齐上戴家窑，一路杏花（兴化）村，顺带高邮州。"讲的是元末张士诚起义的情况。

张士诚（1321—1367），小字九四，兴化白驹场灶民。白驹场为盐业管理单位，古代盐、政分开，白驹场在盐政上属泰州，民政上属兴化。张士诚起兵处正在兴化境内。因父早逝，张士诚领着三位弟弟皆以驾运盐纲船兼贩运私盐为生。士诚持重寡言，轻财重义，膂力过人，在盐民中威望很高。当时盐民生活在社会的最下层，生活极为困苦，还常受官府豪富及弓兵们的凌辱敲诈。

元至正十三年（1353）正月，不堪窘辱的张士诚集张士德、李伯升、潘元明、张天麒等十八人呼啸反元，得到广大盐民的拥护和响应，声势迅速壮大。义军自串场河南下，攻占戴窑古镇后，又先后攻取泰州、兴化、高邮、扬州等地。在高邮称诚王，"潜号大周，建元天祐。"

至正十六年（1356）张士诚攻占平江（今苏州），迁都建政于此。从此他辟地日广，扼漕粮北运之道，据东南富庶之邦。

至正二十四年（1364），朱元璋打败陈友

谅后，组织大军对付张士诚。

大将军徐达奉命率部攻略江淮。至正二十六年（1366）春，徐达率军占领兴化城南三十里的陵亭及附近之瓠子角，据此切断在江北的张士诚兵马驰援江南的通途。并派部将、兴化安丰镇人刘人杰招降，兴化知县杨文渊开城归附。

张士诚遗像

至正二十七年（1367）九月，平江城失守，张士诚在巷战中被俘，押解至南京后，不屈而自缢，成为一名失败的英雄。

由于张士诚曾善政于江淮和江南，人们用各种隐蔽的方法来纪念这位失败的英雄。兴化民众多于农历七月三十这一天做“地藏王会”，烧地藏王香，燃照地灯，通宵诵经。“地藏王”实际上就是兴化当地方言中“祭张王”的谐音。兴化边城民众建立了一座张王庙，边城、陈堡等地，还以“都天大会”为名，假托张巡以纪念张士诚，“江淮人民念（吴）王逝，则托之张睢阳，所谓金容大帝、行灾大帝皆是。”每年活跃在清明节的边城与茅山会船活动，亦含有对他的纪念性质。边城一带，曾居住着张士诚部属的后代，为了对父祖辈先烈进行“会祭”，每年清明夜间都会集中至埋葬他们父祖遗躯的“高坟头”（边城十三官庄中心一块水上高地），进行年度祭奠。这种会祭模式作为整个清明会船环节的重要组成部分，一直延续至今。

25. 南芙蓉、北芙蓉从何而来？

元至正十三年（1353）正月，张士诚举起反元大旗，迅速占领泰州、兴化、高邮等地，于第二年正月在高邮建立大周政权，年号天祐。

义军控制里运河，掐断了大运河的漕运，也就扼断了元王朝的经济命脉，引起了元朝廷的极度恐慌。是年九月，元顺帝诏命中书右丞相脱脱总制诸王诸省军，围剿张士诚。十一月，脱脱大军旌旗千里，号称百万，直扑高邮、兴化一带。

被脱脱委以重任主攻兴化和盐城的是其手下心腹大将董抟霄。此人精通韬略，善用兵机，骁勇善战，战功赫赫。

当时留守兴化的义军有十万人马，分驻于大纵湖和得胜湖两个水寨，舟舰相连，互为呼应。不过义军将弁和士兵多是身穿号衣的灶户、渔夫和农民，虽然士气旺盛，但战术不精、经验不足成为其弱点。

董抟霄统率的军队也有十万。他们大举进击，深入到兴化腹地，与义军相遇，首战即奏捷，斩获甚多。

受挫的义军立即改变战术，全线收缩，集中屯驻大纵、得胜两湖水寨，利用湖荡港汊、芦苇浅滩的复杂地形与敌周旋。董抟霄老谋深算，以变应变，于大纵、得胜两湖之间结南、北芙蓉二寨，截断了两湖义军互为犄角、南北呼应的军事态势。董抟霄扎寨后，因地制宜，改造水道，挖壕设障，设置疑阵，布下层层伏兵，将义军的腹地挖成了击杀义军的陷阱。他看准义军实战经验不足的弱点，派小股部队向义军搦战，反复骚扰，并佯败退向芙蓉寨，引诱义军攻寨，踏入他设好的埋伏圈。

1354 年，勇而缺谋的义军将士中计，冲入芙蓉寨，陷入迷魂阵，不辨东西，不知所之。董抟

霄指挥大军就势掩杀，义军伤亡惨重，溃不成军。被俘数千人，被董抟霄在芙蓉寨中全部残忍处死。

正当董抟霄踌躇满志，欲图趁胜出击，一举荡平屯驻大纵、得胜两湖的义军两寨之际，元政府内部出现权力讧争。丞相脱脱因遭政敌妒忌中伤，被元顺帝颁旨罢黜。临阵换将，军心恐慌，大军纷纷作鸟兽散，董抟霄拔寨率军逃往淮河以北。张士诚乘势组织反攻，大败元军，势力大张。

大明一统后，于此驻营，又于此设芙蓉镇。

26. 为什么古代“白驹”是兴化白驹场的简称？

宋、元之时范公堤以东是滩涂与大海，白驹场和刘庄场等淮南盐场都在范公堤以西。南宋孝宗淳熙八年（1181）淮东提举赵伯昌上奏章请求修捍海堰（范公堤）的原因是“遮护民田，屏蔽盐灶”。“淮东提举”全称是“提举淮南东路常平盐茶”，白驹等盐场都在他管辖之下，他要求修范公堤，是因北宋范仲淹修堤后年久失修，范公堤已不能“遮护民田，屏蔽盐灶”。可见白驹盐场肯定在范公堤以西，主体在今兴化市境内，而不是在范公堤以东的滩涂与大海（今大丰区境内）；如果白驹场在范公堤以东海边，范公堤就

起不到“遮护民田，屏蔽盐灶”的作用。明嘉靖《两淮盐法志》《兴化县志》也都有文字记载。白驹场在范公堤以西，南至今兴化合陈镇中东部的“界牌头”村，西至“海沟河”，北与刘庄场接壤，在今兴化东北大营镇北界，包括今兴化大营、新垛、合陈等乡镇，面积约200平方公里。

古代兴化白驹场一直简称“白驹”。宋代兴化知县范仲淹筑捍海堰（范公堤）时，所写《兴化县白驹场关圣庙碑记》，曾说“淹承乏兴邑，偶以修捍海堤至白驹”是说“我任兴化知县后，因修捍海堰到了白驹场”，可见当时的白驹场就简称“白驹”了。1979年8月在兴化县新垛公社施家桥发现的《处士施公廷佐墓志铭》中有这样一段话：“会元季兵起，播浙，（遂）家之。及世平，怀故居兴化，（还）白驹，生祖以谦。”这是说元末发生战争，施家搬到浙江，明初太平了，怀念故居兴化，就搬回来，到了兴化白驹场居住，生了施以谦。说明元末明初兴化白驹场仍简称“白驹”。清咸丰四年兴化进士陈广德为《施氏族谱》写的序文中也说“白驹场施氏耐庵先生，于明洪武初由苏迁兴化，复由兴化徙居白驹场。”都证明“白驹”就是“白驹场”。1928年李详主持纂修兴化县志，将施耐庵生平载入，《续修兴

化县志·人物志·文苑·补遗》有《施耐庵传》：“施耐庵原名耳，白驹人，祖籍姑苏。”这里的“白驹”也是兴化白驹场的简称。可见古代的“白驹”都是兴化白驹场的简称，并不是指今盐城大丰区的白驹镇。

27.《水浒传》作者施耐庵葬于兴化何处？

施耐庵葬于兴化市新垛镇施家桥村。施耐庵(1296—1370)，原名彦端，字肇瑞，号子安，别号耐庵。兴化白驹场施家桥人，元末明初文学家、《水浒传》作者。其居住地在施家桥砚台地上，殁后葬于村郊。其墓始建于明初，1943 年，兴化县抗日民主政府出资重修，并于墓前立“大文学家施耐庵之墓”碑。1996 年依托原设施和自然风貌，建设施耐庵陵园，使以施耐庵墓为中心的施耐庵陵园成为人文景观与自然水泊风光有机融合的文化旅游景点，纪念大文学家施耐庵的重要场所。1957 年和 1982 年两次被江苏省人民政府公布为江苏省文物保护单位。

陵园内设有施耐庵文物纪念馆，陈列有施氏家世表、与施耐庵及其后裔有关的各类文物以及《水浒传》的各种版本资料。墓地四面环水，墓

成圆形土堆，高 3.5 米，直径 4.5 米，立“大文学家施耐庵先生之墓”石碑一块，高 1.4 米，宽 0.4 米，前有三门砖砌牌坊。正中横梁上，悬有“耐庵公坊”四字石刻。墓在苍松翠柏间，赵朴初手书“重修施耐庵墓记”的石碑立于墓前，邻近还有一绿岛，一条小河环岛流过，人在高处俯视，恰似狮子（施子）盘舞的绣球，因而俗称绣球墩，被视为“风水宝地”。

施耐庵墓

施耐庵所著《水浒传》，是中国文学史上第一部白话长篇小说。这部以农民起义为主题的古典现实主义名著，成功塑造了数百名正反面人物形象。他们各有其胸襟，各有其心地，各有其形状，各有其装束，性格鲜明，栩栩如生，跃然纸上。他通过章回体，使上百万言的巨著结构浑一，环环相扣，气势恢弘。他以白话成书，形成了明快、洗练、生动和颇富个性化的特点，标志着我国已有数百年的白话文进入成熟阶段。中国明清小说的繁荣局面从此开创。

28. 元代父子都被封为国公的兴化人是谁？

我国古代的爵位分为公、侯、伯、子、男五等，公爵为一等爵位。汉代以来，帝王的同姓本家才能封王，异姓皆不得封王，已成规则。因此异姓封“公”就是最高爵位，到明代都未变，例如明朝开国第一功臣徐达只封了魏国公。

兴化任氏一族的祖先王宣、王信父子在元末分别被封为“沂国公”，一门父子两公爵，这不论在兴化或是外地，都是罕见的。

据苏州《任氏大宗谱》记载，苏州任氏的第六十世任功入赘王氏，生二子随外祖父姓，为王言、王宣。王氏为兴化西北长安乡大户，任功从苏州入赘兴化，成为王家的女婿，因此所生二子皆为兴化籍，所以《明太祖实录》说王宣为兴化长安乡人。王宣在元末先为从八品司农掾，因自荐修复黄河决口，任淮南、淮北都元帅府都事。招民丁治黄河功成后任招讨使，率丁夫协助收复徐州，因功授义兵都元帅，守马陵，镇滕州，移镇益都；王宣的次子王信也为义兵万户。后来王信参与收复益都、平定山东全境有功，元至正二十二年（1362）父子授司徒、淮南行省平章政事，还镇沂州（今山东临沂）。元至正二十七年（1367）王宣被加封沂国公，配冯氏诰封一品夫人；王信改任山东行省平章政事兼知行枢密院事，封沂国公，配崔氏诰封一品夫人；王信子王招因父勋，荫兵部郎中，敕授行省佥事，封宣曲郡伯，配翟氏，诰封宣曲郡君，一门两公爵，一伯爵，位高权重。因山东是北京阻遏南方势力的屏障，他们肩负元朝廷防守山东重任。后来徐达攻沂州，戮王宣，王信与妻儿隐居到兴化东北徐扬庄竹园垛（今属永丰镇）。此后王招遵父遗命复姓任，迁居入城，以王宣为兴化任氏一世祖。

古代祭祀仪礼规定，王爵祭以“太牢”（牛、羊、猪），公爵祭以“少牢”（羊、猪）。因王宣、王信曾受封“沂国公”，每年春秋二季，任氏一族在北大街富安桥南宗祠内祭祀祖先都用“少牢”上祭；又因王信曾任山东行省“知行枢密院事”，掌管山东行省军政，有军职，按古代岁末送灶“军三民四灶五”规定，任氏按军籍腊月二十三送灶，与民籍腊月二十四送灶日期不同。

29. 为什么说成廷珪是兴化“诗家之鼻祖”？

成廷珪（1289—约1362），字原常，一字元章，又字礼执，元末著名诗人，被尊为兴化诗家之鼻祖。成廷珪籍贯兴化，后曾隐居扬州。他博学工诗，好学不倦，孝敬母亲，植竹庭院，曰“居竹轩”，因自号“居竹”。虽然与他交往者有元末明初著名诗人杨维桢，文学家危素，画家、诗人倪瓒等很多尊显之士，他却不求仕进，不愿为当时的统治者服务，隐居在家，以吟咏自娱。晚遭世乱，避地江南，踪迹多在松江、苏州张士诚所辖境内，与张士诚部下将领也有唱和。

当时，“元人诗句似词，纤细秾艳，成高士以澄澹矫之。”成高士即成廷珪，这是说成廷珪的诗在元末能不随纤细秾艳的潮流，具有唐代田园诗清静淡泊的风格，矫正了元诗句似词的倾向。他的诗“五言务自然，不事雕刿。七言律最为工深，合唐人之体”（邹奕《四库全书·居竹轩诗集原序》）。朱彝尊谓“昭阳诗派不堕奸声”，能矫元诗佻巧浅薄之弊，实自成廷珪起。他不论是奉

母居兴化、去扬州，还是晚年避乱江南，与杨维桢等相酬答，都以七言古诗为最，多首被选入《元诗别裁集》，有《居竹轩集》4卷，收入《四库全书》。他是古代兴化籍第一位在全国有影响的诗人，也是第一位诗集入选《四库全书》的诗人，“乃吾兴诗家鼻祖。”他的《题徽庙御画栀子白头翁》（卷四之四）云：

栀子红时人正愁，
故宫衰草不胜秋。
西风吹落青城月，
啼得山禽也白头。

北宋皇帝赵佶庙号徽宗，“徽庙”就是宋徽宗。这是作者为宋徽宗的花鸟画“栀子花与白头翁（小型候鸟，雄鸟头后部羽毛白色，故名）”题的诗，认为秋天花红草衰人愁，而小鸟也在月落天明时的啼叫中愁白了头。这首诗把画面与当时北宋的衰败危亡联系在一起，发人深思。

《四库全书·居竹轩诗集提要》说他的七言律诗“合唐人之体”就是以唐诗为宗，这也为兴化诗人从明到清，乃至民国以后，以唐诗为宗开了个好头。

30. 洪武赶散对兴化有何影响?

明朝建立后，兴化县属南直隶行省扬州府高邮州。

经过元末的长期战乱，明初的经济十分残破。兴化一带也不例外。自张士诚举兵以后，兴化及江淮东部便不得安宁。加之10多年的水旱灾荒，到大明一统前，兴化百姓或战亡、或逃徙，土地荒芜，庐舍焚荡，四望蓬蒿，处处抛荒，大片村庄人烟灭绝，兴化东西120里间人民仅余3160户，全县人口仅剩8628人。

清《姑苏繁华图》中的阊门

为恢复经济、加强统治，明太祖朱元璋大力推行垦荒、重农政策。其中，洪武赶散即移民屯田便是明朝前期垦荒政策当中的一项重要内容。明廷多次采取措施，将农民从人多地少的“窄乡”组织起来，大批迁徙到地广人稀的“宽乡”进行

屯田。“驱苏民以实淮扬”就是整个全国范围内大移民行动的一个局部。

江淮大移民约始于洪武元年（1368），由官府将江南百姓（自昆山至句容而以苏州府为重点）强行迁至江北淮安、扬州二府各州县。最初集中在苏州阊门驿站，进行点验编排后，由官府强制押至江北指定州县安家落户。因此，江淮间百姓至今多说祖先从苏州阊门来，祖籍为苏州阊门。其实，苏州阊门和山西洪桐县的大槐树一样，都是当时的转运站，也都成了移民后裔寻根认祖的标志性地名。

当时淮扬二府各州县长吏的首要任务就是接纳安顿移民，并对他们进行有效地管理和统治。明初兴化知县叫徐士诚，县志记他在兴化“集流亡，辟田地，建官署，迁学宫，百废俱兴，规制尽善”。

徐士诚是明初的一员干吏，在兴化安顿移民的同时，不失时机地狠抓了基层政权建设。

徐士诚于宋代古衙的西邻重建了一座威严的衙门，于新衙的东南角建了一座黑森森的大禁（监狱）。紧邻新衙西部则是驻兵千员的兴化守御千户所。这一切的直接目的，都是为了对新到移民进行严格的统治和管理。此外，他还建成兴化城隍庙，以加强封建教化和神化统治。

明代以前，兴化地广人稀。经过“洪武赶散”，兴化的人口数量得到猛增。兴化在洪武年间，百姓从元末的 3160 户、8628 人陡增至洪武二十四年（1391）的 9535 户、63177 人，较元末陡增 7 倍多。其中迁入兴化的江南移民约有六千多户五万多人众。他们垦荒种植，跑马占地，插草为标，开始了兴化历史上的又一次创业。他们将吴文化全方位地带至江淮、带入兴化，经过 100 多年的艰苦奋斗，兴化一带的经济得到了长足发展。到明中期，形成了“高、宗、徐、杨、李、吴、解、魏”八大望族。

31. 兴化城墙何时由土城变为砖城？

元朝末年，由于年久失修，维护乏力，南宋时期版筑夯实的土城坍塌损毁。朱元璋建立大明后，命令各府县普遍筑城。明初都城设在南京，兴化所属淮南地区是京畿要地，因此广泛设置卫所，整饬城防，以拱卫京师。洪武五年（1372），兴化守御千户郭德、蔡德、刘人杰奉札在元末废圮的南宋土城基址上更建砖城，当时仅高 1.8 丈，内外环水为濠，不足以御寇。此后，因疏于管理，家住城墙附近的居民不顾靠城墙两侧不得兴建高

宅建筑的禁令，广建宅室，使城墙的防御功能进一步被削弱，加上年久失修，缺乏维护，城墙日渐衰败。

嘉靖十七年（1538），知县傅佩修理城墙，并凿玉带河，汇三关之水于海子池。利用疏浚海子池和护城河的泥土，加长加宽北城“玄武灵台”台基，根据《论语》中“为政以德，譬如北辰，居其所，而众星拱之”及《旧唐书》中“叶台耀以分辉，契编珠而拱极”之意，将“玄武台”改称为“拱极台”。

明代中期，由于朝廷腐败，海防松弛，倭寇骚扰十分猖獗。嘉靖三十六年（1557）夏，倭寇再次逼境。为加强防御能力，八月，知县胡顺华请准重建城垣，垒土崇壁，加旧址一丈，次年竣工。新城周六里，厚四丈，高二丈八尺有奇。为了有利于保护守城士卒瞭望和射击的安全，建有高二尺五寸的女儿墙，墙上加建高三尺的城垛，共高三丈三尺五寸。墙身以大砖砌就，前昂后卑，形体硕大，厚实坚固，底宽达四丈有奇，雄伟壮观。同时崇四楼开四门。东为启元门，门上歇山飞角的重檐高楼为观海楼；西为威武门、见山楼；南为文明门、怀熏楼；北为肇魁门、仰宸楼。又于正北修葺玄武灵台及襟淮楼。登城楼四望，可鸟瞰全城。四城关附近又辟四门水关，浚濠堑宽8.3米。四门水关有水入城形成丁字形市河，城内有海子池和升仙荡两处湖泊为天然蓄水池。市河两岸，人家枕河而居，又“多作楼于河上（俗称过河楼），舟行其下，如穿穴焉。”胡顺华率领军民于城上设置了当时最先进的佛朗机（葡萄牙大炮）八座、爪哇铳（火枪）三十杆以及各种火枪土铳、刀矛箭弩等武器，形成严密的防务。

嘉靖年间，倭寇屡次猖獗于南通、扬州等地区，兴化周围县城多曾沦于倭寇，唯兴化城固若金汤，“民赖以安”，从未失守。

32. 明朝10岁就中秀才的兴化人是谁？

是兴化人高穀，他10岁（虚岁）就中秀才，是明代年龄最小的秀才；后来的张居正是12岁中秀才，比他大两岁，就被称为“神童”。永乐三年（1405）他15岁中举人，张居正是16岁中举人，因而他也是最年轻的举人。如和张居正相比，高穀更是神童。

高穀（1391—1460），字世用，一字育斋，兴化人。永乐十三年（1415），他25岁时，考中三甲第一百七十一名进士，选庶吉士，授中书舍

高穀画像

人，官永乐、洪熙、宣德、正统、景泰五朝，故四牌楼有“五朝元老”匾额。他受到辅臣杨士奇、杨荣的赏识和推荐，从正统十年入阁参与机务，景泰元年（1450）为工部尚书兼翰林院学士，掌阁务。次年进少保，东阁大学士，后加太子太傅，享双俸；七年晋少保，任谨身殿大学士兼东阁大学士，为次辅（相当于第一副宰相），至天顺元年（1457）致仕。

他为人清正廉洁，办事不避权要。景泰七年顺天乡试，大学士陈循（与高穀同科，状元）因自己的儿子未中举人，就攻击考官阅卷不公。高穀受命复查考卷，认为录取公正，复命后在朝堂批评大学士陈循说：你的儿子与贫寒的秀才争举人名额，已经不应该（因为明代高官的儿子都可以受荫庇，不考举人也可做官），况且科考不中还不安分认命，你又构陷考官，太不应该了！

他荐贤任能，顾全大局。“土木堡之变”后一年英宗被赎还，高榖力主迎驾“礼宜从厚”。景泰八年(1457),英宗复位一个月后,他请求致仕。英宗认为高榖是长者，赐金帛袭衣还乡。天顺四年（1460）去世，终年 70 岁。

高榖作为宰辅，生活节俭朴素，鄙视浮华浪费。官侍读学士时，因赴公宴而官服锦袍已破，就用布剪成花样图案遮补在锦袍破处，被同僚发现后戏谑为“高学士锦上添花”。故居在县桥南，门楼上有“忠结主知”匾额，府前有跨街“益恭坊”，与四牌楼相望，房屋为低檐小室，如一般民居。墓地在兴化平望铺河东，与诰封一品夫人郭妙宁合葬，有神道碑、石人石马，大学士李贤撰写墓志。成化初，朝廷追赠高榖太保，谥文义，入祀乡贤祠。著有《育斋文集》10 卷、《归田集》3 卷等。

33. 为什么称高榖为“五朝元老”？

高榖（1391—1460），字世用，号育斋。永乐三年（1405）中举，十三年（1415）登进士，年方25岁。从此，他宦海沉浮四十余年，官历永乐、洪熙、宣德、正统、景泰五朝，故被尊为“五朝元老”。历任中书舍人、翰林侍讲、侍经、经筵等职。英宗正统十年（1445），擢工部右侍郎兼侍读学士，入阁参与机务。

正统十四年（1449）八月，发生“土木堡之变”，明英宗朱祁镇为蒙古瓦剌所俘。大敌当前，高榖态度坚决地支持兵部侍郎于谦组织北京保卫战，击退瓦剌进犯，推举朱祁镇的弟弟朱祁钰继登大统，稳定大局。是为代宗，年号景泰。

景泰帝登基后，晋升于谦为兵部尚书，升高榖为东阁大学士，以少保衔入阁拜相，成为明代兴化籍第一位相国。不久加太子太傅，享双俸。景泰七年（1456）再晋为谨身殿大学士兼东阁大学士，成次辅。

景泰二年（1451），蒙古瓦剌内部矛盾激化，酋长也先愿意赎还英宗朱祁镇。由于朱祁钰态度暧昧，朝中久议不决。高榖坚定地主张遣派迎驾，并力主“礼宜从厚”。英宗赎回后，被奉为“太上皇”搁置深宫。

至景泰八年（1457），朱祁钰沉疴不起，蓄谋已久的朱祁镇在一群心腹的拥戴下，突然夺宫升殿，废黜景泰，改元天顺，史称“夺门之变”。

朱祁镇复辟后，对景泰大臣一一进行了清算，抗敌功著的于谦也被冤杀于刑场。高榖自知不可恋位，上书英宗，乞归休。英宗叹喟：“榖，长者。”并对朝臣说：“榖在内阁议迎驾及南内事（指曾为帝师），尝左右朕。其赐金帛袭衣，给驿舟以归。”高榖归里后，隐居在县桥以南的故居，其屋低檐小舍，无异民居。天顺四年（1460）终老于兴化，享年70岁。赠太保，谥文义，葬兴化平望铺河东。

高榖学问渊博，经纶满腹，工诗善书，著述丰富。有《育斋文集》10卷入《明史·艺文志》。兴化四牌楼上为其悬“五朝元老”匾。其故居门前树有益恭坊。

34. 昭阳十二景因何而来？

兴化是江苏省历史文化名城，素以人文荟萃、物产丰饶和名胜景观众多而闻名。

元时，兴化的文人雅士评点出了“昭阳八景”，即阳山夕照、木塔晴霞、三闾遗庙、景范明（名）堂、沧浪亭馆、玄武灵台、胜湖秋月和东皋雨霁，

并载入“胡元旧志”中，成为全国最早确定“八景”景区的城市之一。

明初，高縠在“昭阳八景”基础上增加了“龙舌春云”和“南津烟树”两景，合称“昭阳十景”，并分别作诗赞美。

弘治初年（约1488前后），官户部侍郎的兴化人杨果在“昭阳十景”的基础上又增添了“十里莲塘”和“两厢瓜圃”两景，合称“昭阳十二景”。

万历九年(1581)，时任兴化知县的浙江钱塘（今杭州）人凌登瀛在观赏“昭阳十二景”后，联想到自己家乡的“西湖十景”，又为“昭阳十二景”重新题诗讴歌。

“昭阳十二景”中一半为人文景观，一半为自然风光，充分展示了兴化这座水乡古城深厚的历史渊源、文化底蕴和美丽风光。“昭阳十二景”的命名，是前贤先哲们经过深思熟虑而评点形成的，极富人文气息和诗情画意，从一个侧面反映出兴化园林景区、自然风光的秀丽和特具的魅力。

35. 明代兴化籍文、武状元分别是谁？

明代兴化人李春芳是文科状元，解学熊是武科状元。

李春芳（1511—1585），字子实，号石麓（亦作“鹿”），家住兴化东门外状元坊巷。兴化李氏以北宋仁宗至和年间由福建邵武迁居无锡的李赓为一世主，至第十四世李旺一由无锡迁句容农村务农。李旺一之孙十六世李秀由句容迁兴化，在兴化东门外卖豆腐，其后十七世李旭、十八世李镗皆子承父业开豆腐店，住在兴化东门外大街今状元坊北侧小巷内。因做豆腐辛苦，李镗夫妇省吃俭用，让儿子李春芳、李齐芳上私塾，参加科举考试，走读书做官，光宗耀祖之路。

嘉靖十年（1531），李春芳受学于业师丁养晦，中举人后仍勤学不倦，先后拜欧阳德、湛若水等大儒为师，又“请益”于王艮。嘉靖二十六年（1547）殿试中状元，授翰林修撰，深得明世宗、穆宗两代皇帝信任，六次迁升都未经官员会推，由皇帝特旨加官晋级。嘉靖四十四年（1565），以礼部尚书加太子太保兼英武殿大学士入阁，后与徐阶同为顾命大臣辅佐穆宗。隆庆二年（1568）“累加少师兼太子太师，进吏部尚书，改中极殿”，任首辅（相当于正宰相），故四牌楼有“状元宰相”匾额。李春芳居高位能谦恭谨慎，廉洁奉公，且不恋高位，七次主动请求致仕，60 岁全身而退，享年 75 岁，赠太师，谥文定，祀乡贤祠。著有《贻

安堂集》10卷、《明隽》10卷和《宗藩条例》2卷。

解学熊是兴化解氏后代，明万历己亥（1599）恩科武进士，万历皇帝钦点武状元，特恩加兵部衔，提督浙闽军务，后因瘴疾卒于军，无嗣，《解氏家谱》有传。南宋绍兴三十一年（1161），解氏先祖解寿辉由北方渡江，南迁润州东之葛村（今属镇江市丹徒区丁岗镇）。元末七世祖解益携全家迁居兴化南城内文林里筑屋定居，八世孙解汝楫教育五个儿子解学皋、解学夔、解学龙、解学周、解学尹成才，被赞为“五子济美”。解学熊是解汝楫侄儿，他可能是占籍外地参加考试，因而兴化史志缺载，他中武状元任职不久去世，又无后嗣，因而史志记载较少。

36. 兴化的“状元宰相”是谁？

李春芳（1511—1585），字子实，号石麓，别号华阳洞天主人。自幼胸怀大志，笃学不倦。嘉靖十年（1531）中举。中举后勤学不倦，先后拜欧阳德、湛若水等天下大儒为师，又“请益”于王艮，受学于丁养晦。在兴化留下了东城外土神祠的“李文定读书处”和缸顾乡武陵溪的读书台。

嘉靖二十六年（1547）李春芳厚积薄发、一

举夺魁，以鼎甲第一成丁未科状元。经6次升迁，于嘉靖四十四年（1565）为礼部尚书、加太子太保兼武英殿大学士，入阁拜相，成为明代兴化籍第

李春芳画像

二位相国。到隆庆二年（1568），58岁的李春芳继徐阶升任首辅，“累加少师兼太子太师，进吏部尚书，改中极殿。”

任间，他为人谦恭，不以势凌人，勤廉为政，崇尚节俭，荐拔人才，开放边贸，修好睦邻，他立《宗藩条例》，规范宗室礼仪岁禄；主科举、荐人才；崇俭素、停建翔凤楼；罢太仓金，缓解国内矛盾；

册封外藩、允许蒙古俺答部“款塞求封”，加强民族团结，使边地数十年无战事。同时严以律己，“廉洁过之。”他以自己的智识才能，纵横摆阖，努力实践着“修身、齐家、治国、平天下”的人生理想。《明史》评价他“居政持论平，不事操切”“以安静称帝意。”然而，博览群书、熟知经史的李春芳深知官场险恶，若久眷其位，往往难得善终，乃萌急流勇退之意，先后向隆庆皇帝上了七道请求致仕（退休）归养的奏章。隆庆五年（1571），年过花甲的李春芳终于获皇帝恩准，荣归故里。“春芳归，父母尚无恙，晨夕置酒食为乐，乡里艳之。”兴化也留下了很多关于状元宰相李春芳的传说。李春芳才华横溢，著述丰厚，仅《明史·艺文志》就载有他所著的《贻安堂集》10卷、《明隽》10卷和《宗藩条例》2卷。晚年他还以“华阳洞天主人”的名号为挚友“射阳吴子”吴承恩校改了《西游记》。

万历十三年（1585），75岁的李春芳抛下状元笔，安详地离开了人间。至今，“状元宰相”的匾额仍高悬于兴化的四牌楼上，纪念着这位由状元而入阁拜相的水乡才子。兴化四牌楼东的元老府和东城外大街上的状元坊尚存。

37. 四大古典名著中有几部与兴化有关？

在我国四大古典文学名著中，《水浒传》《三国演义》《西游记》都与兴化有关。

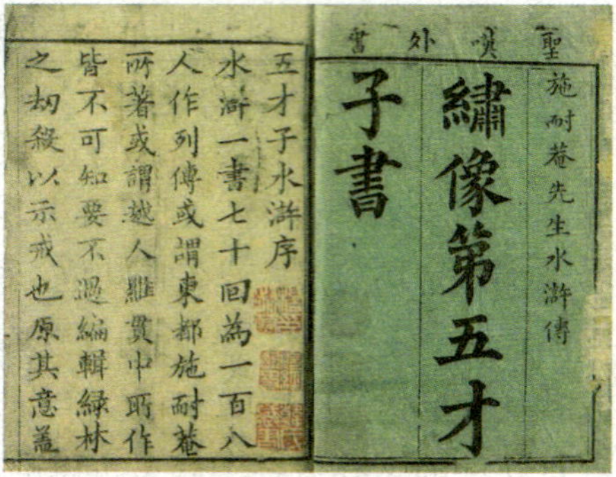
聖嘆外書
繡像第五才子書
施耐菴先生水滸傳
五才子水滸序
水滸一書七十回爲一百八人作列傳或謂東都施耐菴所著或謂越人羅貫中所作皆不可知要不過編輯綠林之劫殺以示戒也原其意蓋

施耐庵《水浒传》书影

《水浒传》作者施耐庵是江苏兴化人，兴化有族谱、史料，地下出土文物，民间传说及小说中作者所表露的兴化情结、兴化方言可证，全国与江苏很多学者、江苏省主要领导在他们的著作、高校教材或论文中都明确施耐庵是兴化人，反映了国内和江苏学术界的主流观点与共识。

《三国演义》作者罗贯中是施耐庵学生，罗贯中的《三国演义》是在施耐庵帮助下完成的，因此《三国演义》与兴化也有割不断的关联。

李春芳不仅是《西游记》校订者，也是隐身作者。《西游记》万历二十年（1592）版本叫《新刻出像官板大字西游记》，是今天所能见到的《西

游记》最早版本。该版本无作者姓名，却标明“华阳洞天主人校”。很多学者研究认为，“华阳洞天主人”就是李春芳。因李春芳祖籍句容是江南道教重地，有道教名迹“华阳洞天”。而吴承恩赠给李春芳的诗中也多次提到华阳洞天，李又熟谙道教典籍，擅写青词，以“华阳洞天主人”为号是很自然的。

李春芳中举人后到淮安坐馆教书，结识吴承恩，交往三十余年。李春芳入仕后，岁贡生吴承恩被荐任浙江长兴县丞，被诬下狱平反后，再授荆王府纪善，都得李春芳关照。吴承恩曾在祝贺李春芳父寿诞的《元寿颂》中，称李春芳为“恩公”，可见李对吴的知遇之恩非同一般。李春芳致仕归田，吴承恩也回淮安，其后常来兴化，与李交往密切。这十三年的交往，正是写作《西游记》之时。

沈承庆在《话说吴承恩——〈西游记〉作者问题揭秘》中考证《西游记》作者是李春芳，其中一条本证引用《西游记》第九十五回一首诗：“缤纷瑞霭满天香，一座荒山倏被祥。虹流千载清河海，电绕长春赛禹汤。草木沾恩添秀色，野花得润有余芳。古来长者留遗迹，今喜明君降宝堂。”拆解这首诗可发现，第四、六、七四句含“春芳长者留迹”暗语，与“华阳洞天主人校”呼应，揭示《西游记》是“长者”李春芳留下的“遗迹”。因此，官版《西游记》特署“华阳洞天主人校”，说明李春芳对《西游记》写作有不可抹煞贡献：他直接参与写作《西游记》，是隐身作者。

38. 泰州学派中兴化有几位杰出人物？

泰州学派成员中有数十位兴化人，其中杰出人物是韩贞、朱恕和任性。

韩贞（1509—1585），字以中，号乐吾。兴化戴窑北三里韩家窑人，是世代以烧砖瓦为业的窑工。19 岁时因寡母去世持斋信佛，后听了王艮弟子朱恕讲理学，遂“弃佛归儒”。25 岁时，朱恕因他“力行笃学”，就带他去安丰（南安丰，当时属泰州，后属东台）拜见王艮，成为王艮弟子。

王艮本是泰州所属安丰盐场的灶丁（煎制海盐的工人），经商起家后发奋学习，38 岁师从王守仁，坚持讲学传道，成为泰州学派开山之祖。在王艮处求学，韩乐吾穿布衣着草鞋，被王艮的弟子们瞧不起：弟子们和他相遇不打招呼，王艮上课，他不能在弟子中就座，只能旁听；弟子们唯一让他做的事情是早晨黄昏和大家一起洒扫。他因为夜里以蓑衣为被，也被大家讥笑，就在壁

上题诗明志，王艮读后大为赞赏，对儿子王襞说：“继吾道者韩子一人而已！”不仅赠送儒生的衣帽给他，并赠诗勉励。

韩家窑村韩氏宗祠一隅

韩贞在王艮处学习两年，27 岁离开安丰，穿戴老师赠送的儒生衣帽回家。这身打扮却被亲友嘲笑、兄长责骂，他不改初衷，在韩家窑授徒、设坛讲学。韩贞讲学时“远近来学者数百人，庭履常满”，被尊为“东海贤人”，有题匾挂在兴化城中四牌楼。他的弟子编有《韩乐吾先生集》《韩乐吾先生诗集》《韩乐吾先生遗集》。

朱恕，字光信，号乐斋，樵夫出身，是韩乐

吾的启蒙老师，后来也是他带韩乐吾去拜王艮为师。他性格刚正，在极其艰苦的条件下，跟从王艮刻苦学习，身体力行，授徒讲学，继承王艮的哲学思想，成为泰州学派的重要成员。

任性，字万善，号复轩，廪生，授儒官。他以倡明理学为己任，作为王艮弟子，被誉为“理学正宗”，远近来拜他为师求学的人很多，有“天下桃李如在公门矣”的赞叹。他割股救父，其妻王氏割股救母，兴化县令王淇泉塑其夫妇像于旌善亭，额曰“旌其世德”。去世后，大吏奏以上闻，奉旨建坊，入祀圣庙乡贤祠，并入忠义孝悌祠，事迹载入《兴化县志·孝友传》，认为他“讲明理学，引掖后进，尤精于《易》，远近师礼门下者甚众”。

39. 为什么说《封神演义》作者是兴化人陆西星？

古籍《曲海总目提要》卷三十九“顺天时”中说：“《封神传》系元时（按：应是“明时”）道士陆长庚所作。”据胡适等众多学者研究，认为这部小说作者是兴化人陆西星。

陆西星（1521—约1606），字长庚，号潜虚、蕴空居士，一号方壶外史，兴化人，康熙《兴化县志》有传。他15岁中秀才，后九次乡试落榜，就在兴化城海子池方壶岛结庐（号“北海草堂”）修道，被尊为道教内丹东派之主。他还曾在北海草堂替神、佛排座次，叫“北海封神”。

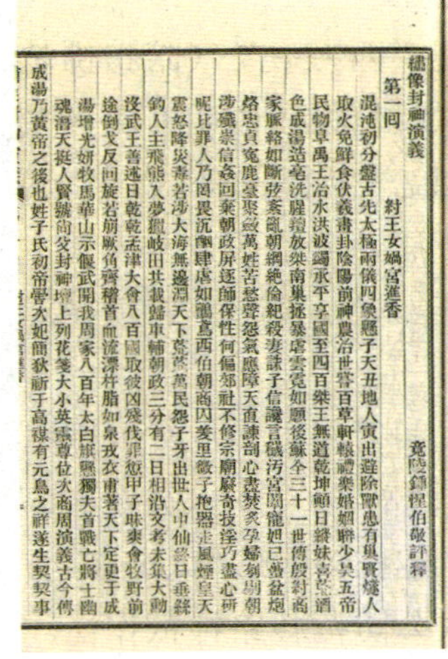
繡像封神演義

第一回　紂王女媧宮進香　竟陵鍾惺伯敬評釋

混沌初分盤古先太極兩儀四象懸子天丑地人寅出避除獸患有巢賢燧人取火免鮮食伏羲畫卦陰陽前神農治世嘗百草軒轅禮樂婚姻聯少昊五帝民物阜禹王治水洪波蠲承平享國至四百桀王無道乾坤顛日縱妹喜荒酒色成湯造亳洗腥羶放桀南巢拯暴虐雲霓如願後蘇全三十一世傳殷紂商家脈絡如斷弦紊亂朝綱絶倫紀殺妻誅子信讒言穢污宮闈寵妲己蠆盆炮烙忠貞冤鹿臺聚斂萬姓苦愁聲怨氣應障天直諫剖心盡焚炙孕婦剜剔朝涉殲崇信姦回棄朝政屏逐師保性何偏郊社不修宗廟廢奇技淫巧盡心研昵比罪人乃罔畏沉湎肆虐如鴟鴞西伯朝商囚羑里微子抱器走風煙皇天震怒降災毒若涉大海無邊淵天下蒸蒸萬民怨子牙出世人中仙終日垂絲釣人主飛熊入夢獵岐田共載歸車輔朝政三分有二日相沿文考未集大勳沒武王善述日乾乾孟津大會八百國取彼凶殘伐罪愆甲子昧爽會牧野前途倒戈反回旋若崩厥角齊稽首血流漂杵脂如泉戎衣甫著天下定更于成湯增光妍牧馬華山示偃武開我周家八百年太白旗懸獨夫首戰亡將士幽魂潛天挺人賢號尚父封神壇上列花箋大小英靈尊位次商周演義古今傳

成湯乃黃帝之後也姓子氏初帝嚳次妃簡狄祈于高禖有元鳥之祥遂生契契事

《封神演义》书影

《封神演义》中有一个西昆仑散人陆压道人，他多次帮助姜子牙打败对手。著名学者、澳大利亚国立大学中文系主任柳存仁教授认为：陆压与陆西星同姓，而“压星为平话小说中道教常见之行事”，可见陆压之“压”与“星”有关；“陆

压自称‘西昆仑闲人’。”隐含一个“西”字，故陆压“或系陆西星自况”。而兴化方言中，“陆压”的“压”与“鸭”同音（均读“ā”），还暗指“陆鸭村”，该村正处于灌河南岸陆西星别业与陆家祖坟墓地之间，所以“陆压道人”是指住在陆鸭村旁边的道人陆西星。

《封神演义》中出现“西方教”（暗指佛教前身），这从陆西星为主要修撰者的明万历《兴化县志》中也可见端倪。县志“招提庙观”中有“迎恩里之宝严教寺也，建于唐，以事西方圣人”，说宝严教寺菩萨是“西方圣人”，与《封神演义》中“西方教”如出一辙。

兴化有关姜子牙的民间习俗很多，每个家庭的门楣上方都贴有红纸小横幅“（姜）太公在此，百无禁忌”，砌房上梁时，也在梁上贴“太公在此，诸神退位”红纸，请姜太公防范各路神祇作怪，保证新屋安宁。每家正屋朝南屋面上，立有陶土烧制的“瓦上将军”姜子牙，挡住空中的凶神恶煞。

兴化东岳庙系明永乐年间创建，相传供奉东岳大帝黄飞虎坐像。而在《封神演义》中，姜子牙“敕封”黄飞虎为“东岳泰山天齐仁圣大帝”；“驾遁”是《封神演义》中常见手法，这在兴化史志多有记载。万历《兴化县志》中还记载东岳庙住持姜

可常会法术，能呼风唤雨。可见兴化史料为陆西星创作《封神演义》提供了素材和启示。

40. 明代“后七子”之一的兴化人是谁？

宗臣（1525—1560），字子相，号方城山人，明代著名文学家，兴化人。宗臣16岁中秀才，每年岁试名列第一，文学家唐顺之看到他历次岁试文稿，夸他是“江北第一文士”，四牌楼有“中原才子”匾额，还有“中原才子”牌坊。他25岁中举人，嘉靖二十九年（1550）26岁成二甲第三名进士，授刑部主事，27岁调吏部考功郎，后任文选郎、稽勋员外郎。他还致力于文学研究，与谢榛、李攀龙、王世贞、梁有誉、徐中行、吴国伦等七人等人结社北京，主持文坛，被称为“嘉靖七子”或“后七子”。因为在他们之前，弘治、正德年间已有李梦阳、何景明等七人主张“文必秦汉，诗必盛唐”，被称为“前七子”，用“后七子”称呼宗臣等嘉靖七子以示区别。

“后七子”的文学创作观很大程度上承接了“前七子”的主张，强调文章要学习秦汉，古诗推崇汉魏，近体诗（格律诗）宗法盛唐。七人之中谢榛年最长，结社之初为盟长，“后七子”论诗宗旨，大都出于谢榛。谢榛主张学习盛唐诸公诗，又强调要采百家之长，消化吸收，自成一家，如蜂采花粉，酿成有自己味道的蜜，并无要摹拟盛唐诗之意，而是要在吸收时同时创新。他还主张养真气、发真性情，才是“性灵”的核心；批评当时人学杜甫诗“处富有而言穷愁，遇承平而言干戈”，“殊非性情之真也。”反对一味摹拟而要“全性灵”。宗臣的诗歌创作也体现了谢榛的论诗宗旨。有《宗子相集》15 卷收入《四库全书》。他的诗“有屈原之沉思，而兼李太白之仙才，雄词丽句，照耀千古”；散文横放雄厉，《报刘一丈书》为传世名篇，收入《古文观止》，曾被选为高中与高校语文教材，至今仍是脍炙人口的反腐肃贪传世名篇。

宗臣遗像

因为宗臣任职期间均为严嵩当政之时，面对严嵩父子擅权纳贿、官场贪污成风的现状，宗臣

极为痛恨。在《报刘一丈书》这封回信中，他抒发积愤，切中时弊，以浓墨重彩勾画出小官僚的寡廉鲜耻，而造成这种状况的根子却在“相公”严嵩，可见全文主要是揭露严嵩擅权纳贿的罪恶，而所揭露的问题又不只是封建社会某一时期个别现象，所以具有深刻、广泛的社会意义，这也是《报刘一丈书》能成为传世名篇的重要原因。

41. 中原才子坊为谁而立？

宗周、宗臣“父子科第”坊

兴化儒学街上，有一座立于明代的跨街三门四柱歇山顶牌坊，面东额“父子科第”，旌表宗周、宗臣父子；面西额“中原才子”，则专以旌表文

需要，知县陈垓煞费苦心，随形走势，终于筑成了一座极不规整的城池。元末坍塌后，洪武五年（1372），在宋城的基础上重新修筑成一座包砖的高城。两次筑城，改造了城内的垛田地貌，也改变了城内的水道，甚至将乌巾荡和西荡河的一部分水域圈到城内，形成了海子池和升仙荡两处城内湖泊。城内的垛岛修整为街巷，城内的市河与四门水关连通，市河之上架设了近百座桥梁。

城虽筑成，但很小，仅有牙城而无外城，形成小城大厢的城区格局。城外关厢地区依然群垛横陈，溪水环绕。明代中后期，随着资本主义萌芽，商业和手工业在关厢地区迅速发展起来，关厢的垛块也被一次次地改造成街巷。尽管如此，到二十世纪八十年代以前，依然在四城关厢地区保留了众多大大小小的垛岛。如东城外的大尖、小尖、费家垛、杨家滩、王家塘垛群、向吉李三姓垛群、龙珠岛、小岛等；北城外的蔡家垛、唐家垛、白涂岛等；西城外的侯家垛、太平垛、梁家垛、稻行嘴、南官营、土山、观音山等；南城外的花园垛群、任家垛群、百花洲等。群垛环城，美不胜收。正如郑板桥所云："吾家家在烟波里，绕秋城、藕花芦叶，渺然无际。"

学家宗臣。

宗臣（1525—1560），字子相，号方城山人，系南宋抗金英雄宗泽之后。其父宗周，中举后官至知府。宗臣幼承家学，读书勤奋，能“日记数千言”。16岁入县学，“每试辄第一。”嘉靖二十九年（1550），26岁的宗臣以优异成绩通过殿试，登进士第。兴化儒学街上，一座宽达九米的牌坊竖立起来。正檐下“父子科第”四个大字，即为旌表宗周、宗臣父子先后中举、中进士。

进士及第后的宗臣，先后任刑部主事、吏部考功郎、稽勋员外郎等职。在京其间，他与李攀龙、王世贞等六人结社邀盟，唱和诗文，时称“嘉靖七子”，也称“后七子”。他们反对虚浮萎靡的台阁体，倡导从先秦、两汉名家文章中撷取菁华，使诗文回复到雄健正派的道路上。宗臣以饱满的热情投入其间，成为身体力行的佼佼者。

宗臣从政之时，正是奸邪严嵩把持朝政、权势熏天的时期。谏臣杨继盛因为上《请诛贼臣疏》弹劾严嵩，反被罗织成狱，处斩弃市。宗臣不避斧钺，赶往刑场，解袍覆尸，撰文哭奠，招致严嵩之徒的嫉恨和排挤。嘉靖三十六年（1557），宗臣被贬往福建，任布政使左参议。

当时福建倭患正炽。宗臣不计个人得失，不顾个人安危，以一介书生，拥戈戟，犯霜露，冒矢石，沉着应敌，数挫倭寇，算无遗策，风范尽展，为八闽所倚重。嘉靖三十八年（1559），宗臣因功升任为福建按察使副使、提督学政。

因公务繁忙，嘉靖三十九年（1560）宗臣肺病发作，病逝于武夷山的止止庵中，年仅 36 岁。

宗臣一生勤勉，意气昂扬，他的诗，取法太白，气逸调高，神丰韵厚，语近情深，每多雄词隽句。他的散文蕴藉深厚，雅健有度，笔锋犀利，语言简洁流畅，风格横放雄厉。《报刘一丈书》收入《古文观止》，至今仍有警世之功。所著《宗子相集》15 卷，被录入《四库全书》。

宗臣英年早逝，家乡人民痛惜之余，将他祀入乡贤祠。四牌楼上给他挂上“中原才子”匾；儒学街“父子科第”坊上添镌了“中原才子”四字，与高大巍峨的文庙相呼应。

四百多年过去了，“中原才子”坊的四根巨硕花岗岩石柱，一直矗立在原处，像宗臣的嶙嶙傲骨，昂然挺立成水乡一道独特的人文景观和醒目的人生坐标。宗臣之人品、文品与官品，一如牌坊石柱上雕镂的瓣瓣莲纹，明丽清朗，永绽芬芳。

42. 兴化庙会中为何饰演“五人墓”？

兴化的庙会文化十分盛行，名目繁多，如都天会、城隍会、龙王会、东岳会、公侯会等。在庙会游行的表演队伍中，我们常能见到五位身着牢衣、反手镣铐、绑有苏州府正堂“斩”字令牌的男性演员，“斩”字牌上写着他们五人的姓名，分别是颜佩韦、杨念如、沈扬、马杰、周文元。这正是古文名篇《五人墓碑记》中写到的五位义士，这样的表演形式在兴化也被称作“五人墓”。兴化庙会中为何会出现“五人墓”这种表演形式？其实还有一段深厚渊源！

明天启年间（1621—1627），阉党把持朝政，社会黑暗。苏州织造太监李实和巡抚毛一鹭阿附魏忠贤，压迫、盘剥苏州人民，激起了大家的强烈不满。魏忠贤还残害东林党人，将迎合他的官员和徒子徒孙一律提拔为朝廷要员。苏州官员周顺昌正义凛然，绝不与阉党同流合污，遂告假还乡。后来魏忠贤又一次搜捕东林党人，押解一东林党官员路过苏州，周顺昌闻知，为其酌酒送行，并指名道姓痛斥魏忠贤。押解兵士将此事上报，魏忠贤勃然大怒，下令东厂兵士赴苏州捉拿周顺昌，一时轰动了苏州城。成千上万的苏州市民涌

上街头，声援周顺昌。大家拦住南京巡抚毛一鹭的轿子，要求取消逮捕周顺昌的命令，毛一鹭见到人多势众，吓得大气不敢出。一旁兵士情急之下厉声喝令道：“我们是东厂之人，谁敢阻拦？”苏州市民愈发恼怒，大骂东厂奸贼，群起向前，将他们团团包围。混乱之中，一名兵士被当场打死，其余兵士亦被打得头破血流，连滚带爬落荒而逃。巡抚毛一鹭趁乱脱去官服，由小巷逃脱，竟不顾自身体面，藏身到臭气熏天的粪坑角落，才得以躲过围攻。

苏州“五人之墓”

东厂特务向魏忠贤哭诉，魏忠贤又令毛一鹭派兵镇压，将带头闹事的五位市民颜佩韦、杨念如、沈扬、马杰、周文元关进监牢，定为死罪。当五人法场就义时，仍然神色自若，大骂魏忠贤、毛一鹭不止。五位义士牺牲后，苏州市民出钱领回他们的尸体，安葬于虎丘山塘，立下墓碑，题为“五人之墓”。

而周顺昌被捕入狱后，被酷刑折磨致死。因周顺昌一族与兴化竹泓镇周氏有亲戚关系，遂将周顺昌尸骨从京城运回，用楠木棺材安葬于竹泓永宁沟北。民国《续修兴化县志》载：“吴人周顺昌，死东厂狱，相传县东竹泓港永宁街沟北有古墓三冢，名‘周氏坟’，其主穴即周顺昌墓。”而杨念如和颜佩韦二人的后裔，据说也隐居到了兴化，一直繁衍至今。

五位义士慷慨赴义之事经其后人讲述，在兴化广为流传。而自明初“洪武赶散”以来，兴化人又多苏州移民后裔。于是在举办各类庙会时，兴化人特意饰演“五人墓”故事，告知后人牢记历史，颂扬不畏强暴的义士精神。

43. 为什么称吴姓为“救时良相”？

明洪武二年（1369），出身世家大族的吴方正举家从苏州阊门迁居兴化，在今儒学街西街及

其周边地段筑屋定居，距今已有600多年历史。被誉为“平章绘阁”的吴甡就出生在这里。

吴甡（1589—1670），字鹿友，又字专愚，号柴庵。明万历四十一年（1613）进士，先后担任福建邵武、晋江及山东潍县（今潍坊市）知县。

天启二年（1622），吴甡以考绩“卓异第一”升为御史。天启七年（1627），吴甡因反对阉党魏忠贤专权而罢官归里。崇祯元年（1628），魏忠贤被登基不久的崇祯帝朱由检清除，吴甡复任御史。

吴甡画像

崇祯四年（1631），吴甡在巡按陕西并赈灾时，提拔了时任西安府推官的史可法，为日后史可法在南明政权中脱颖而出以至成为抗清民族英雄起了很大作用。

由于政绩卓著，崇祯六年（1633），吴甡被擢升为大理寺卿，主管全国刑狱。次年，又升迁为通政使司通政，再升都察院右佥都御史兼山西巡抚。崇祯十一年（1638）任兵部左侍郎，协理军务。

明崇祯十五年（1642），54岁的吴甡入阁，出任礼部尚书兼东阁大学士，为明代兴化籍第三位相国。次年春，晋太子少保、户部兼兵部尚书、文渊阁大学士（正一品），任内阁次辅，成为明晚期少有的“救时良相”。同年三月，面对已建立大顺政权的李自成义军，疲于应付的崇祯命吴甡督师湖广抵抗义军。吴甡提请发兵三万，兵部只能凑出一万羸弱兵士归拨吴甡，且这一万兵士不能立即投入使用。焦心如焚但又无兵无饷的吴甡，呼告无门，只能束手以待。可同样焦虑却又暴躁的崇祯等不及了，盛怒之下，加以奸臣落井下石、交章攻击，他认定吴甡百方延缓，故意逗留，下旨将吴甡削去官职，发配云南金齿卫所（今云南保山市）。

就在吴甡充军云南的途中，兵强马壮的闯王大军于明崇祯十七年（1644）二月攻入北京，崇祯皇帝绝望中自缢于煤山，大明亡。五月，福王

朱由崧在南京立南明小朝廷，下旨赦还吴甡。吴甡被赦回南京后辞去任职，隐居在与兴化接壤的高邮司徒潭茆草塘（今司徒镇曹张村）。后来，他往来兴化府第与司徒潭之间，总结明廷灭亡的历史教训，著有《柴庵疏稿》《柴庵诗文集》《寤言》《记忆》《安危注》《嘉遁堂集》等若干种。后因病返回兴化故居，于清康熙九年（1670）去世，终年82岁。其在南城儒学街处的故居，今已局部修复。

44. 拱极台上为什么要设遗爱祠？

自北宋范仲淹以来，兴化历任县官皆以范仲淹为榜样，出现了诸多仁政爱民的清官廉吏，形成一条清官文化链。兴化民众也通过建立祠堂等形式感念他们。拱极台上的遗爱祠就合祀着明代的三位清官：李戴、欧阳东凤、刘士璟。

李戴，隆庆二年至五年（1568—1571）任兴化知县。在兴四年，兴化连年遭灾。李戴整日忙于抗灾赈恤，“全活甚众”，甚至“具题乞减税粮数万石”。他在救灾治水的同时，认为当时兴化的关键问题是赋税畸重，于是不顾个人前程，“具题乞减税粮数万石。”

李戴后来官至吏部尚书，依然时时怀念兴化，多次著《遗父老书》，关心兴化百姓的生活。明代中期兴化百姓特为之设李公祠。

欧阳东凤，万历十七年至二十年（1589—1592）任兴化知县。他在兴化的前二年先旱后涝，旱时“茭葑之田皆成赤地”，涝则“周遭二百余里竟成湖海”。欧阳东凤在极力救灾的同时，一再请求省、府减赋加赈，上司不理，欧阳东凤“甘冒斧钺”，越级上奏朝廷。几经周折，最终以“改折花银”，解决了兴化一百余年的历史问题，缓解了兴化民众负担。欧阳东凤一生正直廉明，后来官任常州知府时与顾宪成结为莫逆，帮助顾宪成在无锡建东林书院。兴化人民怀念这位“欧阳父母官”，明代中期为其立欧公祠。

刘士璟，崇祯十三年（1640）来兴化任知县。当时兴化已 4 个月没有知县，四野滔滔，民不聊生，社会混乱。刘士璟生不逢时，受命维艰，逐门逐户慰问灾情，同时“衣布衣，持袍带，踵富室，募米麦及钱，赈饥疗疾”，“活民无算。”通过采取一系列行之有效的行政措施，短短数月，他就把一个乱哄哄的兴化治理得井井有条。他誓言“来洒一腔热血，去携两袖清风”，后来在沭阳县令任上竟成谶言，为抗清“殉节死事”。邑

人将刘士璟附祀于欧公祠，合称欧刘祠。

入清以后，原有祠堂年久失修，渐趋废圮。雍正年间，邑人张芝禧于崇武桥西建祠合祀这三位有善政的县令：李戴、欧阳东凤、刘士璟。原名三贤祠，知县张文英作记，更名遗爱祠。光绪五年（1880）知县张振璜移祀于拱极台。

45.“昭阳诗派”延续了多少年？

明末至民国前期，兴化出现了“昭阳诗派”，这一诗派存在 300 年之久，是我国诗歌史上延续时间最长的地方诗歌流派。

给“昭阳诗派”命名的是清代著名诗人朱彝尊（1629—1709），他与王士祯并列为诗坛宗师。所著《静居斋诗话》称“昭阳诗派不堕奸声，皆艾山之导也”，赞扬昭阳诗派在扭转当时诗坛不良风气中发挥了作用，而李沂又起到主导作用。可见康熙年间昭阳诗派成员的诗作及主将李沂在全国诗坛影响已大，能引起诗坛宗师朱彝尊重视，并写入他的诗话。

昭阳诗派主将李沂（1616—1701），字子化，号艾山，又号壶公，晚号壶庵，明末清初兴化著名诗人，著有《秋星阁诗话》《鸾啸堂诗集·文集》

《唐诗援》等书。乾隆五词臣之一的沈德潜等选编的《明诗别裁集》（卷十一）

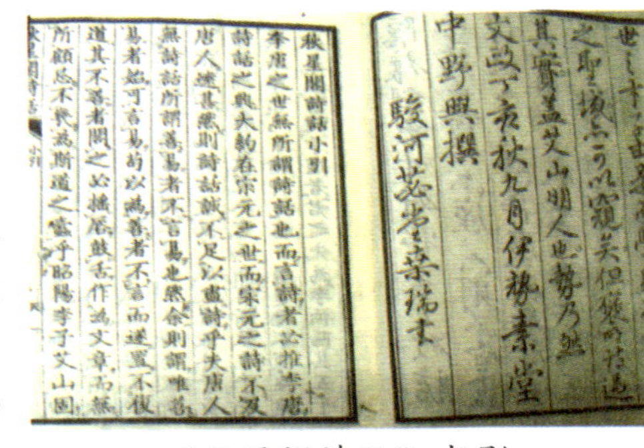
秋星閣詩話小引
李唐之世無所謂詩話也而言詩者必推李唐
詩話之興大約在宋元之世而宋元之詩不及
唐人遠甚然則詩話誠不足以盡詩乎夫唐人
無詩話所謂善易者不言易也然余則謂唯善
易者始可言易苟以爲善者不言而遂置不復
道其不善者聞之必攘臂鼓舌作爲文章而無
所顧忌不幾爲斯道之害乎昭陽李子艾山固

文政丁亥秋九月伊勢素堂
中野興撰

《秋星阁诗话》书影

中，收录李沂诗《赠魏叔子》《挽从伯瞻鹿公》二首。这一别裁集选诗注重格调，明初大家宋濂只入选一首，苏州四才子之一的唐伯虎一首都未选，李沂是交通闭塞的兴化秀才，竟能入选两首，可见他在诗坛影响之大。兴化四牌楼 47 方匾额中的“诗画名家”褒扬明清兴化诗人、画家 12 人，李沂名列首位。

昭阳诗派成员众多，本邑诗人外，还有江都雷士俊（字伯吁，世称艾陵先生）、江西朱远（字天乳）等流寓兴化的诗人。兴化诗人还有李沂的堂兄李沛（字平子，号平庵），西寺僧人懂子、灵雨（又号济润，字十力，人称十力禅师），他的同学宗元豫（字子发）、陆廷抡（字悬圃），表弟王熹儒（字歙州、一字勿斋），堂侄李国宋（字汤孙、一字大村）、李驎（字西骏）等，他

们在西寺结成“法华诗社”，都主张“诗学盛唐”，又各有特色，“格律一归醇正。”

其后有任陈晋、王国栋、郑板桥、任大椿、刘熙载等兴化诗人都是昭阳诗派后继者，直至民国前期的李详诗学杜甫，是昭阳诗派殿军。就诗社而言，在“法华诗社”之后，兴化还有过“一瓣斋诗社”“沧浪诗社”等诗社组织。

从明后期到民国前期，兴化昭阳诗派历时300年，前后相继，诗人辈出，都坚持学习唐诗，触发性灵，坚守醇正朴实诗风，时间久、人数多，成就之大，影响之广泛，应予高度评价。

46. 清初小说《梼杌闲评》的作者是谁？

是兴化人李清。李清（1602—1683），字心水、映碧，号碧水翁；明崇祯四年（1631）进士，南明灭亡后，隐居兴化枣园38年，杜门撰述，有著作近30种。《梼杌闲评》是他写的一部历史言情小说，清初有刻本流行。

《江苏艺文志·扬州卷·李清传》载：“《梼杌闲评》（一作《明珠缘》）五十回，此书不著撰人，据今人研究，此为李清所撰，参见《中国通俗小说总目提要》。”他写《明珠缘》的一个重要原

因就是回护祖父李思诚。李思诚因卷入朝争，两面受敌，被弹劾罢职。书中李清通过李思诚这一艺术形象，再现了晚明王朝内部倾轧。第三十九回写袁崇焕广宁大捷，魏忠贤要归功于己及其侄儿魏良卿，“举朝谁敢违拗。惟有礼部尚书李思诚道：‘目今国家多事之秋，有司戎事而不封，立大功而不赏者。袁崇焕奇功与他何干？怎么便要封伯？若画了题，岂不被天下后世唾骂？’司官屡次说堂，李公都按住不行，意欲引病抽身。忠贤衔恨。”接着，镇抚司许显纯“亦以选妃宿怨，乘机献媚，谋陷思诚”。因邱志充派家人邱德行贿崔呈秀被东厂抓获，许显纯就派人吓唬邱德“要死便供出崔尚书来，如要活便叫他咬定是投李尚书的，包他无事”。魏忠贤“喜允”。次日许提审邱德，“邱德果然说是投李尚书代主人谋内升的。”许就“拿了李思诚的家人周士梅与邱德面质”，周士梅被打断腿骨，“抵死不认。”许就“硬

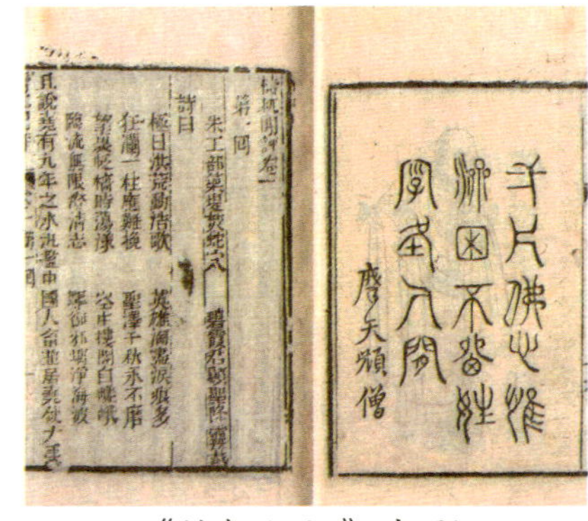

《梼杌闲评》书影

坐周士梅脱骗招摇，李思诚不能察觉。本上，忠贤矫旨，将周士梅追赃遣戍，李思诚竟行削夺而去”。书中除称李思诚“李公”外，还两次称为“李爷”，这在书中是唯一的，表现了对李思诚的崇敬。《明珠缘》中有关水旱灾害、气候特征、民俗风习、物名地名、方言等，很多与兴化有关。

现存的李清小说还有《女世说》及短篇文言小说《鬼母传》。清李桓所辑《国朝耆献类征初编》称赞他的小说“行文飞动，有令人歌者，令人泣者，令人解颐者，怒发冲冠者，唐宋稗史野乘莫逮也”；王旡生在《中国历代小说史论》中说“《金瓶梅》之写淫，《红楼梦》之写侈，《儒林外史》《梼杌闲评》之写卑劣，……皆深极哀痛，血透纸背而成者”，对李清小说评价很高。

47. 清代在兴化发生过几起文字狱事件？

两起文字狱，一起是王仲儒《西斋集》案，另一起是李驎《虬峰文集》案。

王仲儒（1634—1698），字景州，号西斋，著有《西斋集》。仲儒子王国栋去世后，刻版保存在仲儒孙王周鹭家里。周鹭外出谋生，住房倒塌，在家的曾孙王度看到《西斋集》刻版 220 块。

因东台出了徐述夔《一柱楼诗》文字狱大案，王度怕《西斋集》刻版有违碍之语惹祸，便于乾隆四十三年（1778）十一月十二日主动呈缴县衙。《西斋集》中王仲儒有赞扬前朝遗民之作，清廷认为《西斋集》“狂悖之处甚多，殊堪发指”，于是对王氏子孙及为《西斋集》作序刊行的汪之珩（如皋盐商）、毛际可（浙江进士）等人的后代抄家审讯，乾隆四十六年（1781）才结案。王仲儒虽已去世83年，仍被“剖棺戮尸”，王氏子孙因主动呈缴书版，才未加罪。

李驎（1634—1710），字西骏，号虬峰。李驎17岁中秀才后，其父李潮非常高兴，因经济窘迫，希望李驎将来能做官用俸禄供养自己。但李驎九次考举人不中，父亲大失所望，不久去世。

康熙四十九年（1710）李驎去世。至乾隆四十四年（1779）正月，小贩徐京国收到旧书，送兴化县收书分局去想卖个好价钱。收书分局是按乾隆旨意设立，查缴禁毁不利于清统治的书籍，兴化知县多泽厚派书办沈殿三负责。

沈殿三从徐京国的旧书中发现《虬峰文集》共十四本，就送给知县多泽厚审阅，多泽厚从中发现许多“狂悖”语句，立即派人查作者李驎及后代下落，并向两江总督萨载、江苏巡抚杨魁禀

报。总督与巡抚立即亲自审查，派人与扬州知府、兴化知县到兴化搜查。因李驎无后代，葬在扬州，无家可查；《虬峰文集》中无别人写的序、跋，无刻印者，也无从查起，最终在李氏祠堂找到仅存一块《虬峰文集》刻版，作为证据上缴。

两江总督萨载发现李驎《虬峰文集》中有颂扬兴化秀才王氏父子等十二人奉明新昌王攻入兴化，后兵败被杀或自尽的《昭阳十二烈士传》等内容，便定为叛逆大罪，剖棺“锉碎其尸，枭首示众”，禁毁著作，烧毁残版，因查无所获，是文字狱中受牵连的人最少的一起。

《虬峰文集》书影

48. 被黄宾虹称为清代“扬州画派”的早期代表人物是谁？

被黄宾虹称为清代“扬州画派”的早期代表人物是明末清初著名画家、兴化人顾符稹。顾符

顾符稹山水画

稹（1634—？），又名符真，字瑟如，一字松巢，号小痴。自幼随在江华任知县的父亲顾士奇生活。江华地处湖南南部，瑶汉混居，山峦起伏，碧水环绕。顾符稹接受画师指导，并师法自然，创作了大批山水图画。满清入关，明廷覆亡后，顾符稹抛弃举子业，不仕清廷。先在史学家李清居住的兴化枣园做塾馆教师，后上天台，游雁荡，攀西岳，登潼关，又泛舟洞庭湖，创作了大量山水画卷。

后来，顾符稹到扬州卖画，创作了许多具有鲜明个性风格的人物画、山水画等。王士祯对顾符稹的代表作《栈道图》给予了高度评价，称“兴化顾生工此技，妙入毫发”。汪懋麟题诗云：“昭阳顾生画楼观，绛阙瑶房生白云。如虮宫人三百六，丰神都似李将军。”顾符稹作画深得小李将军唐代画家李昭道之秘，穷幽极细，豆人寸马，尺幅千里。

“扬州画派”兴盛于清乾隆年间，产生了郑

板桥、李鱓、金农、高凤翰、李方膺、黄慎、边寿民、杨法等“扬州八怪”画家。而“扬州画派”源远流长，可追溯到清康熙年间。由于顾符稹在绘画上的贡献和艺术风格的独特，著名画家黄宾虹在《画论》中谈“扬州画派”发端及发展史时，认为顾符稹是早期代表人物，对“扬州画派”的最终形成作用很大。

49. 为什么禹之鼎被誉为清代“人物画”大师？

禹之鼎（1647—1716），字上吉（或“尚吉”）、尚基（或“尚稽”），号慎斋，又号昭阳禹生，清代著名宫廷画家，人物画大师。

他幼时在兴化李家做童仆，做完事就偷用笔墨写画，主人发现后很欣赏，就教他学画；后来

禹之鼎作品

他到吴甡第四子吴元履府中作“司画”书童。顺治年间，吴元履邀请避祸在外的“武林画派”创始人、钱塘大画家蓝瑛来兴化作客。禹之鼎就“师事蓝瑛”，揣摩蓝瑛绘画技法，成为“武林画派”传人，后又学宋元诸家，借鉴“四王”等大家画法，兼攻山水花卉，自成一家。

流寓江都后，他以肖像画著称于扬州，自署“广陵”人。在扬州，他结识了不少名士和画家，并为之画像。康熙十三年（1674），江苏昆山人徐乾学来扬州。徐是清初大儒顾炎武外甥，康熙九年（1670）一甲第三名进士（探花），授翰林院编修。当时在扬州的书法家、史学家姜宸英，诗人、康熙六年（1667）进士、授内阁中书的汪懋麟，宴请徐乾学集饮于汪氏“爱园”，也请 28 岁的禹之鼎即席为三人画像，作《三子联句图》卷，可见他在扬州的影响之大。

康熙二十年（1681），35 岁的禹之鼎到北京，因公卿推荐献画，受到康熙帝赏识，选入内廷鸿胪寺，供奉畅春园，为宫廷画师。康熙中叶，授鸿胪寺序班。鸿胪寺是专司朝贺庆典礼宾的机构，“序班”掌管百官班次，负责仪节，官秩为从九品。他曾随天使至琉球国，名扬中外。后来朝鲜、安南、琉球等十国遣使来朝，宴会时禹之鼎受命作《王

会图》，先从旁用小纸粗写大概，然后退而图于绢素，“凡衣冠剑履、毛发神骨之属，无不毕肖。”因此《王会图》序中说：“禹生天才隽妙，无愧古人。今官鸿胪序班，方充琉球伴使，衔命入闽。”

他的人物写真以白描为主，用墨有浓淡，两颧略加赭色，有立体感，秀娟古雅，被推为“国朝第一”，京城很多名人写真画像多出其手。康熙二十九年（1690）春，徐乾学归田回原籍，居洞庭东山，邀44岁的禹之鼎随行，禹之鼎流寓洞庭东山5年，后曾在江都、真州等地侨居。康熙五十五年（1716）在兴化辞世，享年70岁。现有《山水册》《春梦图》《洗竹图》《蒹葭书院图卷》等30多种画作藏于故宫博物院。

50. 孔尚任在兴化有哪些活动？

孔尚任，号东塘，又号云亭山人，清代著名文学家、剧作家，孔子第六十四代孙，以著有表现南明兴亡的

昆曲《桃花扇》剧照

《桃花扇》一剧而闻名于世。

康熙二十五年（1686）七月，曾为国子监博士的孔尚任随工部侍郎孙在丰往淮扬，从事治水之务。第二年五月初，孔尚任自泰州转驻兴化，寓拱极台北楼，开始了在兴化的交游。在兴化，他与兴化籍遗民诗人宗元鼎、李沂、李淦、李兰、徐永誉、王仲儒、王熹儒、朱鹤山等密切交往，诗词唱和。除了举行一系列文会外，他还向这些前明遗老“征言”，即征集南明弘光朝的史料，以丰富和修改《桃花扇》。九月中旬，冒辟疆等人来兴化聚会，高宴清谈，连夕达曙，当时正好是孔尚任的生日（九月十七日），可以想见其盛况。冒辟疆不仅是弘光小朝廷兴亡始末的目睹者，又是和《桃花扇》剧中的人物如侯朝宗、李香君交厚的人物，孔尚任留他住了三十日，放谈南明遗事。无疑对创作修改《桃花扇》帮助极大。

孔尚任寓拱极台时，为北楼再题“海光楼”匾额，还写了《海光楼记》，描述拱极台及海光楼：“台高矣，楼在台上犹高。四窗洞开，江淮长河，历历可识。”留下“境与志合，虽不乐犹乐；境与志违，虽乐犹弗乐”“乐固在志，不在境”的哲理名句。与此同时，他还写下14首有关拱极台的诗词，如：“拱极台高俯碧流，隔溪风物眼中

收。……昭阳北去无穷浪，早闭门窗忆旧游”“孤亭渔浦外，雨过偶招携。无限新烟水，曾经旧评题。酒瓶荷气重，客棹柳风低。爱此吟坛好，初来试鼓鼙”“楼上窗开水拍天，风酣雨和暑忘眠”等。

题海光楼、写《海光楼记》，是孔尚任在兴化的一大赏心乐事。十一月，孔尚任移驻扬州，兴化诸友为孔尚任送行。

《桃花扇》的创作前后经过十多年。第一稿是37岁以前，在石门山隐居期间写的。在扬州、泰州治河的三年半中，尤其住兴化半年间，孔尚任结交淮扬一带的冒辟疆、朱鹤山、李沂等南明遗老，不但留下许多文苑佳话，也为创作搜集了若干具体生动的材料，且笔耕不辍，从而催生了《桃花扇》第二稿的创作。

51. 为什么李鱓被誉为“画仙”？

李鱓（1686—1760），字宗扬，号复堂、懊道人，画作中还有木头老子、里善、中洋、中洋氏、墨磨人、苦李、滕薛大夫等多个别号，兴化人，为状元宰相李春芳第四子李茂功的五世孙。他的祖父李法年轻时明朝灭亡，“以世受胜国恩，杜门弃举子业”，终身未入仕，号不二，又号笼鹅道人，

被地方举为乡饮正宾；父亲李朱衣担任过文林郎。李鱓是清代著名书画家，“扬州八怪”中最早成名者，他的写意花卉虫鸟为八怪之首，世人谓“字要板桥，画要复堂”，可见他的画价值与地位之高。后人评价李鱓云“开后人无数法门，谁云怪哉，斯则仙矣”，尊其为画仙。

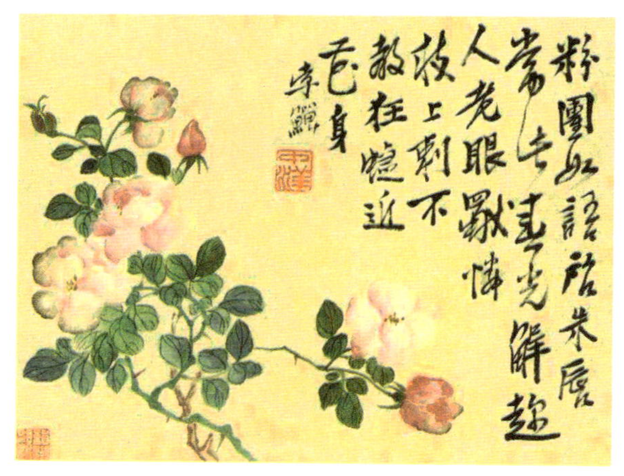

李鱓作品

康熙五十年（1711），李鱓 26 岁参加南京乡试考中举人，五十二年五月去热河承德行在献诗献画，受康熙赏识，令“入南书房行走”“兼工绘事”，供奉内廷。他初师内阁学士蒋廷锡，画法工致，年仅 29 岁就“以诗画名动公卿”。终因画法不合宫廷规格，康熙五十七年（1718）

离开宫廷，浪迹江湖，卖画扬州。雍正八年（1730）二次入宫供奉内廷，随刑部侍郎高其佩学画花卉虫鸟，意态生动。五年后，又离开宫廷回扬州，他取法徐渭、八大山人、石涛，崇尚写意，落笔劲健而有生趣；行草书有颜柳筋骨，风格独具。

乾隆元年（1736），李鱓 51 岁，以举人资格入京谒选顺利通过，次年秋天，起用为山东临淄知县，旋调任山东滕县知县。他为政清简，士民怀之，但因负才使气，触犯权贵，“忤大吏罢归。”他留在滕县三年后才南归扬州卖画。

李鱓一生，画风不断求变求新。郑板桥说“复堂之画凡三变”，又赞叹说“复堂之真精神、真画目，千古常新矣！”有“诗画名家”匾挂于四牌楼，纪念李沂、李鱓等十二位成就突出的诗书画家。

李鱓的故居在兴化牌楼西路北侧上元巷北端，大门坐东朝西，称“上元府”，因地势不高，较为潮湿；晚年返回故里兴化，于兴化大南门内筑浮沤馆居住，遗址在今市一中校园西北角，重建的浮沤馆于市一中校园东侧。他当时手头并不宽裕，建浮沤馆是勉力为之。乾隆二十五年（1760）李鱓在兴化城南浮沤馆病故，葬于兴化西城外阳山里太平垛，终年 75 岁。

52. 李鱓晚年的生活居所为什么要命名为浮沤馆？

李鱓，字宗扬，号复堂，自号懊道人，清代著名书画家、“扬州八怪”代表人物之一，是明状元宰相李春芳之六世孙。1713年他赴热河献诗献画于康熙帝，得康熙帝赏识，将其钦取为南书房行走，作宫廷画师，被誉为“盛世画仙”，名噪京师及江淮间。却因不爱陈规，标新立异，才高遭忌，被迫于1718年离开宫廷。乾隆初年，52岁的李鱓重被起用，任山东临淄、滕县知县。任上为政清简，体恤民情，很受拥戴。但他傲骨嶙嶙，耿介不苟，终因抵忤郡守，得罪大吏，于是再被罢官。

乾隆八年（1743）冬，58岁的李鱓回到故乡兴化。在南城西侧升仙荡处选置一地，另置别业，按园林式建筑自行设计营构，筑室种树，安置自己晚年的身心。他在高大轩敞的门楼之内，排布了浮沤馆、祺寿堂、碧浪山房、梦天楼、餐霞楼、我适居、翼然亭等系列建筑。荷香柳色，澄潭碧影，竹木阴森，沟渠映带。“浮沤”是指水上之泡沫，寓意人生如幻，名利皆空，含有道家理念。他曾荣极一时，却如过眼烟云，风光不再，只能落魄归来；他是宰相后裔、兴化望族，但也有过“黄

金散尽妻孥恚”的潦倒窘迫，被迫为生计卖画扬州，听任“佣儿贾竖论是非”……人生如寄，身似浮沤，形如聚沫，浮沉无定，来去难凭。“百年身世浮沤里，大地山河旷劫中。”他把方夔《杂兴》诗中的这句话作为浮沤馆的楹联，也作为他把官场看穿、把人生参破的告白。他从起于浮沤的泡影里，看出人生如梦的虚妄和幻灭；更从泛着泡影的浮沤中，踏上勘破名利的跨越和升华。

清朝昏暗的官场上少了一位寻常的循吏，淮扬活跃的画坛中却由此增添了一颗闪亮的星星。他的人生曲折转了一大圈之后，回到了自由自在的性灵之中。

李鱓擅长花卉虫鸟、怪石虬树。泼笔粗勾，寥寥数笔便跃然纸上。又喜长题满跋，畅酣淋漓，墨色映发而有生趣，取材看似寻常而深藏大义。其诗，清新朴实富有哲理；其书，颜筋柳骨奔放有序；其画，怪而不诞，拙中有巧。诗书画三者水乳交融、相得益彰，是一位多才多艺的诗画名家。

53. 为什么郑板桥被誉为“诗书画”三绝？

郑燮（1693—1765），字克柔，号板桥居士，兴化人。清代著名书画家、文学家，“扬州八怪”

代表人物。

郑板桥从山东潍县辞官归里后，又卖画扬州，一次好友小聚，扬州八怪之一的安徽秀才李葂（字啸村），在酒席上赠板桥一副对联云："三绝诗书画，一官归去来。"上联是说郑板桥如同唐代的郑虔，因郑虔的诗书画皆工，被称为"郑虔三绝"；下联是说他像东晋的陶渊明，不为五斗米折腰，作《归去来辞》，辞官归里。这副对联切人切事，对仗工稳，当时被大家认为是绝对，因而流传久远。此后郑板桥就以"诗书画"三绝闻名于世。

郑板桥作品

他作画以兰竹石为主，画竹"无所师承"，师法自然；竹石结合，题款竹石之间，风格独具。

书法以隶掺入行楷，为“六分半书”；又以画笔入书，融书画为一体。他的书幅中，字大小、斜正呼应，肥瘦相间，疏密有致，如“乱石铺街”。所以我们说郑板桥的“诗书画”三绝，不仅指他的诗好、画好、字好，还指他字中有画，画中有诗，诗中有人文情怀、节操，因而诗书画能融合于同一作品之中，互相生发而彰显艺术魅力。

郑板桥的文学作品有家书（散文）、诗、词、小唱（道情十首）、对联等，各具特色。他的诗的风格与陆游接近，有如“诗史”。他的“词好于诗”，年轻时词以婉约见长，中年以豪放为主，老年则于豪放中夹入感伤，能于顿挫摇曳的流情感叹中表现雄沉、豪宕的气势。特别是他的道情十首在社会流传广泛，影响很大。清代金武祥说板桥道情是“富贵场中的清凉散”，被认为是“千古绝调”。

郑板桥作为康熙秀才、雍正举人、乾隆进士，他在中举前、考中进士后、辞官后都曾卖画扬州，曾多年往来于兴化、扬州之间。中进士六年后，因得到乾隆的叔父慎郡王的关照，出任山东范县（今属河南）、潍县知县，收入较多，家里买了几百亩土地，祖居草房改建瓦屋，还和弟弟在鹦鹉桥附近各买了一处住房。任知县十二年无留牍，

无冤民，因帮穷人胜讼及办理赈济得罪豪绅而被迫辞官。

61 岁辞官回乡后板桥又建了别墅拥绿园，至 73 岁去世，葬于今大垛镇管阮村，墓园为省级文物保护单位。

54. “板桥道情”因何而来？

“板桥道情”演唱现场

道情源于唐，兴于宋，而广泛流传于明清两代，借助于唐代的 《九真》《承天》等道教乐曲，以道教故事为题材，宣扬出世思想。道情多以唱为主，以说为辅，也有只唱不说的。道情演唱方式很是简单，艺人怀抱长长的、蒙着鼓皮的道筒，

手持两片三四尺长的简板。竹片不紧不慢地打节奏，艺人忽紧忽慢地手拍道筒。唱道情简单到只需一只渔鼓，一副简板，一个演员，一段开场白，接着就是轻歌曼唱的说古道今。道情作为人民群众喜闻乐见的一种曲艺形式，后来逐渐演变成了落魄文人糊口的手段。为了迎合广大群众的喜好，道情唱词由雅走向了俗。从前，道情艺人沿门打鼓唱遍三百六十行店铺，唯独到铁匠铺前不敢直接拦门演唱，而须先稽首施礼，然后侧着身子旁立演唱。这是因为铁匠的祖师爷是道教鼻祖——老聃，而道情则是道家传人吕纯阳所创。史料记载，唱道情从南宋时开始用渔鼓和简板伴奏，击节而歌，因此也叫“渔鼓”。刚开始多是文人墨客遣兴之作，后来才逐渐变成落魄文人或是民间艺人混穷糊口的饭碗。从前在兴化过往的轮船上，都有唱道情的。

板桥先生看中了这一为百姓喜闻乐见的民间艺术形式，于雍正三年（1725）始作道情，雍正七年（1729）37 岁时完成了《道情》十首初稿。郑板桥的书画艺术可谓人人皆知，然而他的文学作品较之其书画毫不逊色。他主张直抒胸臆，“道着民间痛痒”，反映和服务于现实生活，其中尤以他的《道情》十首最为闻达。

创作《道情》十首，耗费了板桥先生很长的时间。我们不难看出其中引经据典、评古论今，恣意纵横，可见板桥先生的广见博识。“老渔翁，一钓竿，靠山崖，傍水湾；扁舟来往无牵绊。沙鸥点点轻波远，荻港萧萧白昼寒，高歌一曲斜阳晚。一霎时波摇金影，蓦抬头月上东山。”流露出板桥先生一种心灰意冷，甚至近乎颓废的情感宣泄，更有报国无门的那种无奈和彷徨。

由于板桥道情十首流传甚广，不觉之中，人们就将道情称之为“板桥道情”。

55. 郑板桥故居和陵园分别在兴化何处？

郑板桥（1693—1765），原名郑燮，字克柔，又号板桥，人称板桥先生，兴化人，祖籍苏州。康熙秀才，雍正举人，乾隆进士。官山东范县、潍县县令，政绩显著，后客居扬州，以卖画为生，为“扬州八怪”重要代表人物。

郑板桥故居，位于兴化市东城外郑家巷7-8号。坐北朝南，前后两进，有正屋坐北朝南房3间，另有门楼、小书斋、厨房各一间。整个建筑简朴典雅，青砖黛瓦，兰竹萧萧，庭院清幽，充分体现了郑板桥生前所写的“室雅何须大，花香不在多”的意境。

郑板桥故居

郑板桥陵园位于兴化市腹部的大垛镇管阮村西北角，该地俗称郑家大场，为郑氏祖坟地，总占地2760平方米。郑板桥墓坐北朝南，圆形墓廓，有砖砌墓台环护，墓前立墓碑，碑文“郑板桥之墓”五个大字为周而复题书。由墓向南有一条入园中轴通道，通向门楼。门楼前耸立一座三门牌坊，牌坊上额书“板桥林园”四个大字。墓四周有波

郑板桥之墓

浪形围墙，墙的左右内侧嵌有板桥书画石刻八块。墓的西、北邻河，建有护坡驳岸和栏杆。墓区松柏林立，翠竹丛生，绿树环绕。1995年列为江苏省文物保护单位。

56. 哪些兴化人的著作被收入《四库全书》？

五位兴化人的著作收入《四库全书》：北宋徐积《节孝集》、南宋陈直《养老奉亲书》、元代成廷珪的《居竹轩诗集》、明代宗臣《宗子相集》、清代任陈晋《易象大意存解》。宋、元、明、清四代都有兴化人的著作入选，值得我们为之骄傲。

北宋徐积，字仲车，著有《节孝集》30卷收入《四库全书·集部（三）别集类（二）》。原籍山阳，到胡瑗处学习，寄居兴化，成为兴化徐氏之祖，明初入祀兴化乡贤祠。兴化《徐氏族谱》也说："世谱旧序内云：'予家自宋元居兴，在宋有先贤讳积，刊诸县志。'"可见他是外地迁入兴化的徐氏先祖。

南宋陈直的《养老奉亲书》被作为《寿亲养老新书》的第一卷收入《四库全书·子部（五）·医家类》。陈直任知县卸任后，就择居兴化著书立说，因而可以说他是兴化人。

元代成廷珪的《居竹轩诗集》收入《四库全书·集部（五）·别集类（四）》，分为4卷。《四库全书·总目提要》认为他的诗“七言最工，深合唐人之体”，对明清以来兴化诗人的影响很大。

明代宗臣的《宗子相集》收入《四库全书·集部（六）·别集类（五）》，分为15卷。提要说他“生平著述凡十余卷梓之，则其集仍臣未殁时所订也”，明确宗臣的诗文集15卷是他生前亲自校订的。提要还说“其诗跌宕俊逸，颇能取法青莲”，指出他写诗取法李白的诗作。

清代任陈晋《易象大意存解》收入《四库全书·经部（一）·易类》，还著有《燕喜堂初续文稿》《似武文稿》《后山诗集》等书。陈晋字似武，号后山，生于康熙二十八年（1689），雍正举人，乾隆四年（1739）进士，曾做过徽州府学教授（正七品，相当于今教育局长）。“徽士多通经者，晋至，老师宿儒莫不心服。”四库提要对该书评价是“是编不载经文，惟折中诸家之说，明易象之大意”，指出这是一部汲取了研究易经的各家论述，形成自己看法，阐明“易象大意（六十四卦）”的专著。因为古代解说《易经》就有数十家，任陈晋“为约其精蕴，简之又简之，才数十页”，“所谓如花酿蜜，蜜成不知其为花也。”是综合各家之长，提出己见，如酿花成蜜，对后学者大有帮助。

57. 兴化哪一位老师是我国科举史上的传奇？

我国科举史上的传奇老师是兴化人任大椿。他出生于教育世家。祖父任陈晋以教书为业，乾隆四年（1739）进士，曾任徽州府学教授（正七品，相当于今教育局长），以治《易经》闻名于世。道光十三年（1833），任陈晋、任大椿入祀乡贤祠，四牌楼有任陈晋、任大椿祖孙“经训贻芳”匾额。

任陈晋之妹任澹客也饱读经史，著有《澹客诗文钞》，她是儿子、孙子的家庭教师。在她培养下，

任大椿读书楼

儿子顾九苞中进士，孙儿顾凤毛也成为扬州学派后继者，《清史稿·列传（卷六十九）》有传。

任大椿之父任葆是饱学秀才，他与妻子史氏在家教子读书，任陈晋研读《易经》的小楼，称为“六十四以之堂”，也是任大椿的读书楼（儒学巷3号），经易地重建，至今尚存。

在书香家庭熏陶下，任大椿8岁能写诗，父母对他督促十分严格，每晚要读书到“漏下四鼓”才睡觉，养成了苦读习惯，终身不变。

乾隆二十五年(1760)，任大椿23岁中举人后，去淮安丽正书院担任山长（相当于校长），山阳县人汪廷珍就是他的学生。汪廷珍早年丧父家贫，得到任大椿周济与培养，他到北京参加会试，就住在任大椿家里温习，任大椿提供食宿，不收分文，解答汪廷珍遇到的疑难问题。后来汪廷珍考中乾隆五十四年（1789）己酉科一甲第二名榜眼，而同科中状元、南通州（今南通）人胡长龄也是任大椿的学生。二人和老师一样清廉正直，不逢迎权臣和珅。汪廷珍官至礼部尚书，协办大学士，加太子太保，谥号文端；胡长龄官至礼部尚书，与汪廷珍合称“汪经胡史”，分别以经学、史学名世。还有经任大椿辅导，考中二甲第三名进士的仪征人阮元，他到北京备考，多次得到任大椿

悉心指导，后来他在为任大椿《弁服释列》写的序中，特地谈到当年在北京向任大椿求教的情景，说“难为尤多”（麻烦他的尤其多）。阮元官至体仁阁大学士、太傅，谥号文达。

任大椿作为老师，自己是二甲第一名（金殿传胪），却培养出乾隆己酉科一甲状元、榜眼及二甲第三名进士，在同一次科举考试殿试的前六名中，就有三人是经他悉心指导考中的，后来又都担任高官，这在中国科举史上确实是个传奇。

58. 为什么任大椿是扬州学派前期代表人物？

清乾隆、嘉庆之世，读书人惕于文字之祸，把学习和思考的精力转移到考证经史和小学等方面，成就突出。全国出现了以惠栋为代表的吴派，以戴震为代表的皖派，以任大椿为前期代表的扬州学派，这三派总称“乾嘉学派”。

任大椿（1738—1789），字幼植，一字子田，江苏兴化人。在扬州学派成员中，他比汪中大5岁，比王念孙大6岁，比阮元大24岁。他32岁中乾隆三十四年（1769）二甲第一名进士（金殿传胪），是扬州学派中最早的进士；以专研三礼及小学著称于世，是经学、考据学大师，诗人。曾任《四

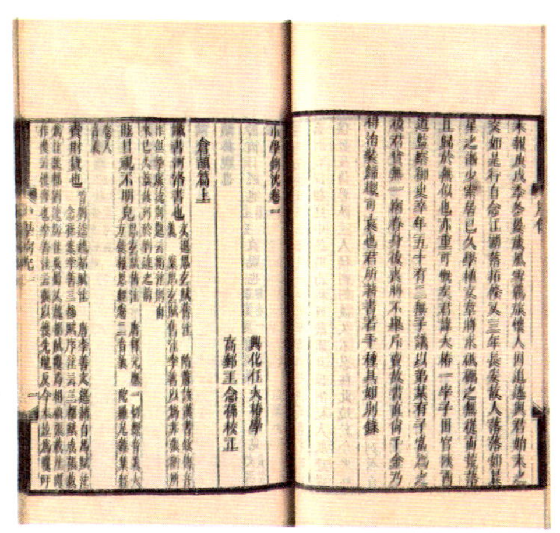
小學鈎沈卷一
興化任大椿學
高郵王念孫校正
倉頡篇上

任大椿《小学钩沉》书影

库全书》纂修官和总目协勘官（副主编），“礼”部提要皆出其手，是扬州学派前期代表人物。《清史稿·任大椿传（列传卷六十八）》云：“撰四库全书提要，进退百家，钩深摘隐，各得其要旨，始终条理，蔚然巨观。”评价很高。

他 52 岁去世前，在考据学研究方面完成了《字林考逸》八卷、《小学钩沉》十九卷、《仓颉篇（续）》一卷、《〈列子〉释文》二卷、《〈列子〉释文考异》一卷；他 20 岁前就研究经学“三礼”，把《礼记》中的疑难问题分门别类整理出来，准备逐一研究，形成鸿篇巨制，后感到凭一人之力难以完成，就转向专题研究，完成《弁服释例》《深衣释例》《释缯》三部，还有《释色》（考证古代制服的色彩种类）一部多卷未及完成。在我国古代服饰研究历史上，他对古代服饰的形状、分类、质料、装饰与丝绸面料的专题做过详尽研究，是我国古代服饰研究第一人，为今天编写《中国古代服饰史》提供了详实史料，并被大量引用，这一开创之功应予充分肯定。《释缯》是根据历史文献对丝织品品种、名称整理、考评写成的，原全国人大副委员长、中科院院长、两院院士路甬祥总主编的《中国传统工艺全集·历代工艺名家》中认为“任大椿是纺织学家”，《释缯》“是中国第一部研究古代丝织品品种、分类、名称的专著”。赵航教授认为他“开创了语源学研究的道路”，在考证古代名物中发挥很大作用，是扬州学派中“独树一帜的大家”。

扬州学派的兴化籍成员除任大椿外，还有顾九苞及其子顾凤毛，延至清末民初，李详为扬州学派殿军。

59. 魏源对兴化有哪些功德？

魏源（1794—1857），原名远达，字默深，又字墨生、良图，湖南邵阳人。道光进士。清代著名思想家、史学家、文学家。近代中国“开眼看世界”的代表人物之一。道光年间，曾任兴化知县，遗德在民，惠民无限。

道光二十九年（1849），56岁的魏源“以知州发江苏，权兴化”。恰逢江淮大水，淫雨连旬，高宝、洪泽两大湖的洪水涌入运河，猛烈冲击着运河大坝，邮南五坝水势险恶。一旦开坝，兴化等下河七县将全境陆沉，颗粒无收。兴化民众惶惧不安。魏源赴高邮各坝探水情，连夜顶风冒雨，赶到扬州，向两江总督陆建瀛请求缓开高邮五坝。同时，驰赴运河东堤，督促军民昼夜加固圩堤，不顾雨大风狂，坚守在坝口。情急之下，甚至伏堤向苍天祈祷，“愿以身贷民命！”百姓为之感奋，相从到堤上帮工的群众不下十几万。在魏源及兵民的坚守下，堤坝安然无恙，成功地将开坝时间延迟半个多月。兴化及邻近几个县的早稻如期登场，获得丰收。士民对此感恩戴德，把收获的稻谷称为“魏公稻”。同时七县合议将一块“保障淮扬”的大匾悬挂于兴化县署堂中，以颂魏公

之功德。

魏源在治水过程中，经过参照资料、实地探访和深思熟虑，提出培筑运河西堤以护障东堤的看法，写成《上陆制府下河水利书》，陈述自己的河防论见，得上司首肯后，率民众于运河西堤原来的河泥筑堤处，补砌条石，加桩灌汁，予以培固。同时对东堤也进行了加固，并在坝上刊刻法令，意为：今后湖水上涨时，不得轻易放水，淹没农田。

这种将培筑西堤与保护东堤并举、竭力保坝与合时开坝并举的措施，果然行之有效，化害为利。西堤石工完成后，兴化连续数年免遭洪涝之灾，水乡人民由此得无穷之赐。这与魏源因地制宜的治水方略和行之有效的治水实绩是分不开的。

魏源画像

魏源在兴化主政期间，宽容仁恕，勉力躬行。他体恤民情，重修育婴堂，修建学宫，扩大书院，修缮学宫尊经阁。

咸丰元年（1851），魏源赴任高邮知州。咸丰三年（1853）于任上离职后，又回到厚承其惠泽的兴化。在兴化城北十多里处的天宁寺专研佛法，刊印《魏源集》等著述，并于此“受菩萨戒，法名承贯”。

虽然魏源在兴化为官时间不长，但他勤政爱民，公正廉洁，治水保坝，赈饥拯溺，善举不绝。他的亲民形象已与兴化历史融合在一起，永不泯灭。兴化民众为表达对魏知县的感激之情，同治五年（1866），在他病逝后的第十年，将其附祀于范文正公祠堂，并入祀兴化名宦祠。

60. 兴化的优质稻米为何称为“魏公稻”？

魏源（1794—1857），名远达，字默深，湖南省邵阳人。道光二年（1822）举人、二十五年（1845）恩科进士。清代启蒙思想家、政治家、文学家，被誉为“中国开眼看世界第一人”。

清道光二十九年（1849），魏源以知州衔署理兴化。适逢连旬暴雨，高邮河湖暴涨，大运河归海五坝险象环生，河员拟开五坝泄洪，素有“锅底洼”之称的兴化即将面临“没顶之灾”。当时田里新谷就要成熟，一旦开坝，农民辛辛苦苦种植的庄稼必将颗粒无收。心急如焚的里下河百姓纷纷组织起来，前往高邮保坝。数以万计的百姓坚守在高邮运堤之上，他们用蒲包、麻袋填入砖块、石子、泥土来加高、加固河坝，老人、妇女则虔诚地跪倒在地、焚香叩头，祈求上苍的保佑。可是河水依然不停上涨，眼看就要漫过大堤。如果开启五坝，收割在望的稻谷和农民的辛劳付出就会付诸东流；如果再不开启五坝，大运河就有决堤的危险。为保高邮运堤，河员最终决定：开坝泄洪！

刚刚接任的魏源未到兴化，即连夜赶赴高邮，踏勘运河水势，带领兴化民工一同保坝，督促他们加紧筑堤。又转奔扬州，请求两江总督陆建瀛速开邵北至清口运河东堤二十四闸，从而分路泄洪。魏源提出，即使迫不得已开启归海五坝，也要等到新谷登场以后。陆建瀛答复说：“可保则保，不许擅自开坝！”于是魏源急忙赶回高邮，传达陆建瀛命令，与民工继续坚守运堤，日夜操劳，护堤保坝。那几天，风雨交加，浊浪翻滚，大堤岌岌可危。魏源伏倒在堤坝之上放声哀告，祈求

上苍停止风雨，表示愿以自己生命为殉。他几次被狂浪冲漂，双目红肿如桃，百姓纷纷劝其回署休息，魏源坚持不从。半个月过去了，雨停风止，大运河水位逐日下降，新谷获得了丰收，里下河兴化等七州县的老百姓喜不自胜，捧着沉甸甸的稻谷发自内心地说：“这都是魏公稻呀！”

为了纪念魏源保坝的功绩，兴化老百姓就把收获的优质稻谷称之为“魏公稻”，一直流传至今。

61. 为什么刘熙载被称为“东方黑格尔”？

刘熙载（1813—1881），字伯简，号融斋，晚号寤崖子，兴化人，清代后期著名文论家、音韵学家、教育家。道光二十四年（1844）进士，改授翰林院庶吉士，留馆学习三年后授翰林院编修。咸丰三年（1853）入值上书房，为诸皇子师，咸丰帝御书“性静情逸”四大字赐之。同治三年（1864），补国子监司业，任教于太学。后任广东学政，补左春坊左中允，掌管广东府、州、县学生员考课黜陟之事。同治五年（1866），辞官归里。同治六年（1867）主讲上海龙门书院历时十四年。光绪七年（1881）病卒于兴化故居，享年69岁。光绪八年奉旨入《儒林传》。

他治经学无汉、宋门户之见，不好考据。“自六经、子、史外，凡天文、算术、字学，韵学及仙释家言，靡不通晓。”著有《古桐书屋六种》及《古桐书屋续刻三种》。前者为作者生前所定，其中《持志塾言》是他“随笔而存之”的教学笔记；《艺概》6卷，分为《文概》《诗概》《赋概》《词曲概》《书概》《经义概》；《昨非集》4卷，系个人创作集；《四音定切》《说文双声》《说文叠韵》，是古代以来音韵学研究集大成之作。

他的所有著作中，《艺概》流传最广，影响最大。“概”是指“举少以概乎多”，使人明了各类文艺样式的主要特点。《文概》论我国古代散文，分两部分：前一部分，重点论述先秦到宋代重要散文家及他们的代表作品；后一部分总

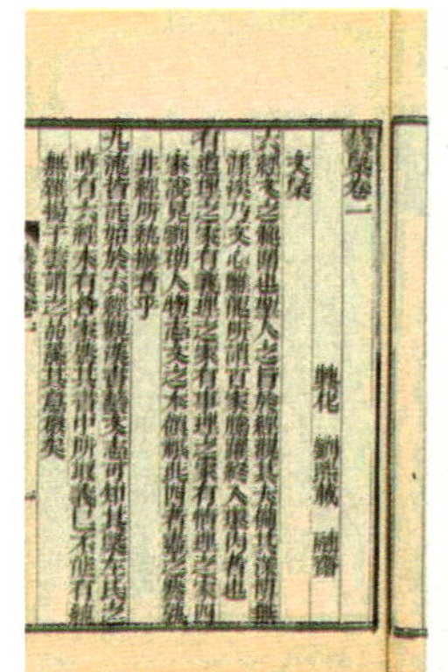

刘熙载《艺概》书影

结散文创作的理论和写作技巧。《诗概》论先秦到宋代的诗歌，包括诗的特征、诗人作品、写作技巧。《赋概》论赋的起源、流变、作者作品、作用、赋的章法。《词曲概》论词多于论曲，认为词曲本是一体，只是表现形式有异：词以文言，曲以声言。《书概》对书体、书史、书法技巧和书法创作有详尽论述，列举作品多，论及范围广，是我国书法史的里程碑。《经义概》论述八股文的写作，也有独到见解。

由于《艺概》是我国继刘勰《文心雕龙》之后的又一部通论各种文体的文艺理论杰作，集我国古代美学思想之大成，而论述又充满了辩证法，因而刘熙载被誉为“东方黑格尔”。

62. 清代兴化有哪几所著名书院？

明清时期，崇儒重教的兴化明清两朝曾出现过文明书院、景范书院、石鹿书院、昭阳书院、文正书院、西团的明性书院、仕优书院、白驹的诚意书院以及草堰盐场创办的正心书院等，多为士子会文之所，氤氲着浓郁的文化芬芳。

清时兴化最具规模的官办书院为昭阳书院和文正书院。

昭阳书院

昭阳书院，建于清初。乾隆初年，定址于地处城北的拱极台。乾隆十二年（1747），知县李希舜借优美静谧的拱极台办成昭阳书院。从城区往拱极台，须从西南岸驾舟渡海子池。

台上三个院落相连。中院檐下悬“昭阳书院”匾额，为书院课读之所。院南凭栏远眺处构筑渌波亭，亭台以下便是经流不息的海子池。西院设山长（校长）室。东院及台下临水东西两园林另设膳堂等附属设施。

昭阳书院定址后，规定学额。限定正课生童各 10 名，附课生童各 10 名。此外随课生童若干。除腊、正两个月放年假停课外，每年学习 10 个月。

到道光年间，由于频年水灾，河水涨溢，两岸崩坍，原有建筑不敷使用，亟待另择一读书之所。

恰巧道光十二年（1832），取消县丞建制，位于城区中心的县丞署空置。县丞署本是范仲淹办公时的古衙，是兴化最早的县衙。明初，紧邻古衙另建新衙，原先的宋衙被降格使用，“明为主簿署、清为县丞署。”

当时兴化地方名士，联名上书申请依托古衙建一座新书院。知县奏请省、府首肯后，于道光十四年（1834）将县丞署改建为文正书院。

“文正”是范仲淹的谥号，以“文正”命名书院，既有对范文正公的仰止之思，亦含对兴化学子勤学成才之冀。“文正”与“昭阳”，恰好一文一武，前后呼应。

文正书院是兴化莘莘学子规范化学习之所，也是兴化文人墨客以文会友、读书讲学之地。最初前后四进，由南往北设为大门、二门、师范堂和上房。大门、二门间偏东筑奎星阁。二门与师范堂间设两厢考棚。“上房三间”，中奉至圣先师，旁奉范文正公，正屋以西为梅花岭、范公读书处。师范堂为正厅，仍命名为文会堂，用以纪念范仲淹建兴化学宫时曾经构筑过的文会堂。

“是前贤听政之堂，尚有风流余韵；为后学

会文之地，定多益友良师。”书院的历任山长皆为学贯古今的饱学之士，一大批人才从这里脱颖而出，如《艺概》作者刘熙载就在这里完成了少年时期的学业。

光绪三十一年（1905），清廷实行新政，废除科举。到光绪三十三年（1907），文正书院按新政改为文正高等学堂，后到1926年改为县立初级中学，即江苏省兴化中学之肇始。

63. 为什么明清时期兴化科甲鼎盛？

兴化古衙有联曰：“昭阳采邑，文正儒基。”“文正”即文正公范仲淹。“文正儒基”是指范仲淹任职兴化期间建学宫，兴教育，打下了兴化人文鼎盛的基础。

自隋唐开科取士、推行科举制以来，地处海隅边鄙之地的兴化，一直民智不开，徘徊在化外。直到范仲淹建学宫以后，特别是明清时期，兴化方才形成科甲鼎盛之势。据不完全统计，兴化有进士一百零五人，其中文武状元各一人，举人近三百人。这在全国不为多见。在明代的兴化，曾出现很多进士坊、父子科第坊、父子兄弟科第坊和一座状元坊。同时出现了父子、兄弟、祖孙先

后中式的盛况，甚至出现了一门五进士、一科四进士的现象。明代兴化籍进士中，又出了三位相国（内阁大学士，先后为内阁次辅高榖、首辅李春芳、次辅吴甡）；明清两朝出尚书、侍郎近十人，其余藩、台、臬、县则不计其数。这些人中著名的有元末大文学家施耐庵；明代嘉靖七子之一的文学家宗臣，史学家、文学家李清；清代文学家、书画家郑板桥，扬州学派代表人物任大椿、顾九苞，文艺评论家刘熙载。明万历年间知县欧阳东凤在《兴化县志》中写道："兴化虽僻处东海斥卤之地，而人文蔚起，学问好修，不减邹鲁。……诚缙绅之渊薮、人才之都会也！"清代康熙年间知县张可立则进一步写道："其水势回绕，风气之秀，发为人文科目之盛，甲于江淮。"

这种现象的出现，一方面是由于明代中期以来，兴化农耕经济快速发展，另一方面是兴学重教蔚然成风。特别是兴化望族的形成，如明清八大家——高、宗、徐、杨、李、吴、解、魏。每个家族都形成了自家的标杆，如高姓的高榖、宗姓的宗臣、徐姓的徐炟、杨姓的的杨果、李姓的李春芳、吴姓的吴甡、解姓的解学龙、魏姓的魏应嘉等，不仅科举中式，官居高位，而且一个个著作等身。其余如任、陈、刘、王等诸家，"耕

读传家”“诗书传家”成为家风家训。如此，整个兴化社会形成了读书向学风气，一直延续至今。

64. 为什么说四牌楼是兴化人的骄傲？

牌坊、牌楼是一种门洞式纪念性建筑物。一般为四柱三门或双柱单门。兴化四牌楼系四座牌坊呈包围状“口”字形组合。斗拱重檐，八角飞翘。内衬铅锡合金的“屋罩”，底呈四边形，边长约 1 米，四边向上拱起，攒顶呈“五岳朝天”，显得庄重而典雅。上层装饰性屋面也依此攒起达顶，故于明代称之为“四攒坊”，清代起方称“四

四牌楼　杨天民摄

牌坊”及“四牌楼”。

兴化四牌楼建于明隆庆年间（1567—1572），距今约有450年。

四牌楼悬挂47方匾额，旌表兴化籍历史人物75人81人次，上自南宋（开科第一），下迄民初（仁寿之征），跨越五个朝代。明代初建时仅有四方，后逐步增加，嘉庆三年（1798）形成“上下四旁皆立匾，可以觇文物之华焉。”他们中有显卿高官，如“状元宰相”“五朝元老”，有文坛大师如“中原才子”，有学界权威如“学冠东南”“经训贻芳”，有艺苑巨匠如“诗画名家”；或经纶天下，或著作丰厚，或学贯古今，或丹青纵横。虽官民殊途，情趣各异，但都为官清廉，为人正直，为学严谨，深得时人称颂、后世景仰，一座牌楼47方匾额，为国内所罕见。

1990年重建四牌楼时，47方匾额除1方旧额、6方仿旧外，其余40方分别由我国当代40位大书法家按原文重书，琳琅满目，美不胜收，使兴化四牌楼不仅成为历史文物，而且成了当代中国书法艺术的瑰宝。

因此，兴化四牌楼具有相当的科学、历史和文化价值，它的建筑格局在国内已不多见。四牌楼是兴化人的骄傲，也是兴化城市的象征。

65. 为什么说“自古昭阳好避兵”？

“吾邑独少宛马来，大泽茫茫不通陆。”清代兴化诗人李约社的两句诗道出了玄机，前句是说兴化很少发生战事，后句是说兴化四围皆水，大泽茫茫，交通不便，是避兵的好地方。

冷兵器时代，从军事角度来讲，兴化确实不是用兵之地。兴化地处里下河腹地，古为边鄙之地，既不沿江，又不沿海，更不沿咽喉要地的大运河，战略位置不突出，素不为兵家所重。因此，顾逖赠施耐庵诗说：“此间不是桃源境，何处桃源好避秦？”

“好避兵”并不意味着兴化这个地方从来没有发生过战事。晚唐的军阀混战，南宋初期的抗金战争，元末的张士诚起义以及近代的抗日战争都曾给兴化留下战争的创伤。但更多的历史时期，兴化相对平静安宁。辟如《太平寰宇记》所载兴化千人湖（已废），有“隋末有千余人避难于此，得见太平”之事。再如两晋之交，北方游牧民族南侵，建陵县侨置于兴化境内也是一个明证。特别是清末咸丰年间，太平军占领江南，定都“天京”，大批达官贵人“躲红毛头子造反”避居江北。继而太平军破扬州江北大营，避难者纷纷东逃至

兴化。那时江宁、苏州一带的富豪显贵进入兴化，他们带来了财富，带来了奢侈享乐的生活习惯，也带来了新的文化。适于人居的兴化使一些人流连忘返，乐不思蜀，甚至日日笙歌，夜夜斗卮，呈现出异样的繁华。

正是由于明清六百多年来，基本上没有战事侵扰，所以有了“自古昭阳好避兵”一说。

66. 清代后期的“兴化医派”是怎样形成的？

赵海仙遗像

兴化医学历史悠久，名医代有传承，且名播大江南北，其中家学渊源深厚、名闻遐迩的有魏、赵、张等多家。

清代后期，我国中医学界出现了两大流派，即江南地区的“孟河医派”和江淮东部地区的“兴化医派”。两派各擅其长，但都名医辈出，著述丰富，共同代表了这一历史时期我国中医学的最高境界。

兴化医派形成于清光绪十四年（1888），理论上“尊经而不泥古”，实践上“以轻巧灵活见长”。拥有如赵履鳌、魏树森等一大批名医，形成了庞大的阵容。因其主体骨干以魏、赵二姓及其传人为主，因此兴化医派又被时人称为“淮扬魏赵派”。

魏、赵二姓悬壶济世的场所都在兴化东门外的家舒巷中。古巷东侧的“盂园”即为赵姓三代名医赵术堂、赵春普和赵履鳌的问诊施药所在。

赵术堂，号双湖，“工医术，名动远迩。”且医德高尚，“窭人就医必赠良药，阖邑称长者。”著有《医学指归》二卷。其子赵春普，号小湖，秉承父教，锐意从医，精研内经，为一方名医。

第三代赵履鳌，字海仙，以字行。在继承前辈的基础上，赵海仙“运以新意，声誉大振，就医者不远千里来”。《扬州名医录》赞他“善治奇症”。赵履鳌与其弟赵冠鳌所撰《旌孝堂医案》，记载医案近二百，被收入《中医古籍珍稀抄本精选》。赵海仙殁后，在家舒巷中留下一座 “赵海仙洋楼”，是一座中西合璧的清代园林，现为江苏省文保单位。

魏姓名医源自道光年间赵术堂的入室高足魏

百泉。魏百泉之子魏树春、魏树森，从子魏湘圃，第三代魏崇焱、魏宏焱、魏长焱、魏羲焱，第四代魏嘉德、魏嘉翔以及魏平荪等皆为著名医家，有声于世。其中第二代魏树森（字荫塘）于家舒巷鹤山堂悬匾“世传魏荫塘方脉”，以“清灵”“轻巧”著称于大江南北。

除了魏、赵二姓外，清末兴化医派代表人物尚有张氏世医家族张华亭、张小亭、张涤珊三代名医及江曲春、陈子嘉、方承佑、崔良臣、朱琨、吴良宪等。他们有传承，更有创新，使得兴化杏林一片繁华。“学不泥古”“清空灵敏”“融会贯通”，是对兴化医派最精当的评价。

67. 为什么李详是扬州学派后期代表人物？

李详（1859—1931），字慎言，一字审言，中年字愧生，晚年号辉叟，兴化人。在学术研究方面精于先秦诸子杂家之学文字的考订、诗赋注释及文学批评，以“博雅通识”著称，雅号“字纸篓子”，这是家乡人寓褒于贬，赞扬他对小学研究无字不通，博大精深。他完成《文心雕龙补注》《颜氏家训补注》《杜诗释义》《王文荆公诗补注》《正史源流急就篇》等多种考订与诗赋注释，成

为扬州学派后期的杰出人才，正如复旦大学李宝箴教授所说，李审言先生“是扬州学派的殿军”。

他是方志学大家。清末被“江苏通志局”聘请担任编辑；民国后又被聘为协纂（相当于副主编）。因此李详定居上海近十年，修订《江苏通志》及一些县志。为了修《江苏通志》，李详拟了《〈江苏通志•艺文志〉商例》一书，后来松江、南通、太仓三县所修县志均能依据他的要求撰稿。李详自己还先后担任江都、甘泉、仪征三县人物、儒林、文苑各传及艺文志、舆地沿革表等审阅、定稿工作。后又主持纂修了《阜宁县志》《盐城县志》，此间，《江苏通志》的初稿也大半完成。

民国十七年（1928）兴化设局请李详主持纂修《兴化县志》，他委托刘仲书到兴化第六区采访人物古迹，发现有关施耐庵的史料和传说，李详认为：“施耐庵以著《水浒传》获罪，也以著《水浒传》得名，

李详画像

其生平事迹不独前志所不能载，即其子孙亦讳言其事。今民国成立，无所顾忌，可以补遗。”于是将施耐庵生平载入《续修兴化县志》。我国古代小说为“稗官野史”，不予入地方志，李详毅然决定将“小说家类”编入“艺文志”，这在地方志纂修中是开创性的；更可贵的是他认定兴化施耐庵是《水浒传》作者，并把施耐庵传、墓地及墓志铭都载入县志，为今人研究施耐庵留下了宝贵资料。

李详是“骈文大家”，著有《学制斋骈文》2卷，收入骈文80篇。著名学者冒广生说“当今骈文，北王南李”。王是汾阳王式通，李是兴化李审言。因李详的骈文能“标新领异”“独秀江东”，在清末民初的骈文史上具有十分重要的地位。清末进士、目录学家缪荃荪说，他是我国骈文界殿军。李详是诗人，他诗学杜甫，也是兴化昭阳诗派殿军。

68. 中国最早的白话文小说作者是谁？

刘韵琴（1883—1945），名羽诜，字韵琴，刘熙载的孙女，是我国现代第一部短篇白话小说的作者，也是我国现代文学史上第一位女作家。

清光绪九年（1883），刘韵琴出生于兴化西城内城隍庙东巷祖宅，幼年读私塾，“聪明好学，九岁能诗，及笄文名籍甚。”是远近闻名的才女。光绪二十三年（1897），15岁的刘韵琴前往南京女子学校读书，18岁回到兴化，由母亲许氏作主，嫁给明“状元宰相”李春芳的第十一世孙李宜璋为妻。因公公李小香在湖南华容县任知县，她就随丈夫去华容县生活。光绪二十九年（1903），刘韵琴21岁，因夫妻感情不睦，赴上海神州女校任教。

刘韵琴25岁去马来西亚马六甲城，任华侨女子学校校长。1911年秋武昌起义后回国。后赴日本留学，就读于东京中央大学。民国四年（1915）春，驻日公使陆宗舆奉袁世凯之命解散中国留日学生总会，她被迫回来，到上海担任《中华新报》新闻记者，成为我国最早的女记者。在一年多时间内，她写散文、短篇小

刘韵琴遗像

说等 41 篇，她的文章取材新颖，体裁多样，主题集中，布局严谨，语言清新，详略得当，深受读者欢迎。她的第一篇白话文短篇小说《大公子》即写于民国四年（1915），锋芒直指袁世凯之子袁克定，表现了心忧天下的爱国情怀。这是我国新文学史上第一篇短篇白话小说，比陈衡哲女士在民国六年（1917）用白话文所写的《一日》早二年，比民国七年（1918）鲁迅写的《狂人日记》早三年。民国五年（1916）她出版《韵琴杂著》，湘军总司令谭延闿为之题签，内有诗词 100 多首，小说、散文 30 余篇。

民国二十二年（1933），她从上海返回兴化，住在婆家李春芳的长房府邸、城内东大街元老府 3 号门内，并在家里创办私立女子学校，亲自授课。因无后代，由侄儿承嗣，嗣孙李临简继承祖母的办学事业，一直从事教育工作，在乡村任教直至退休，现仍健在；嗣重孙李全则继承了她的新闻记者事业，担任新闻记者。1945 年 8 月 13 日刘韵琴去世，享年 63 岁，死后葬于兴化城东北李府舍。

69. 南社成员中有哪几位兴化诗人？

柳亚子南社成员中有 3 位兴化诗人，即徐德培、姚彝伯、李远猷。

徐德培（1878—1951），字笃夫，号南郇。清光绪四年（1878）出生于兴化庆云堂徐氏家族。早年就读于南京两江师范学堂，后游学奥地利等国，精通日、英、法、德多种语言。应南洋群岛中华商会之聘，曾任教于印尼爪哇市中华学校，又在印尼其它余城市和奥地利的华侨学校任教过。

1949 年新中国成立后，徐德培应周恩来总理之聘，入中央文史馆工作，为文史馆馆员。1951 年在北京病故，享年 74 岁。

徐德培著作主要有《盐铁论集释》《中国历代钱币考》《齐梁陈书诂》《隋碑考证》《南郇杂志》《南郇诗文集》《平面几何学问题详解》等。又擅长诗文、书法等。

姚彝伯（1894—1969），名公良，字彝伯，又字夷白，号伯子，别署恬翁、一禅居士。清光绪二十年（1894）出生于兴化中医世家。幼年孤苦，以读书为乐，工诗文，尤好医学。18 岁师从名医江景元，立志以医济世。后受聘于兴化中学，任国文教师近 10 年。其间，编有《国学常识讲义》，

创作了《兴化中学校歌》。

姚彝伯书法扇面

姚彝伯晚年业医。所作《秋居杂诗》，被“补白大王”、著名文史专家郑逸梅收入其主编的《南社丛谈》。1969 年 4 月在兴化病故，享年 76 岁。

李远猷（1890—1953），又名远尤，字近宸，号辛夷，又号二魔，别号虎公子。清光绪十六年（1890）出生于兴化师俭堂李氏家族，系明代“状元宰相”李春芳第十三世孙。

李远猷早年在元老府内随父读书，十分刻苦勤奋。后入县学，成庠生。不久，入无锡国学专修馆读书。此时阅读了一些中外进步书刊，接触了新派人物，产生了反满思想。于是，他创作诗歌揭露清王朝的腐朽黑暗。其时，兴化地方兴起私人办报热潮，族人李元柏先后创办了《新兴日报》《朝暾》《朝报》，李远猷成为主要撰稿人。后被延聘为记者、编辑。

70. 第一部《中国医学史》的作者是谁?

陈邦贤遗像

第一部《中国医学史》的作者是兴化人陈邦贤。陈邦贤，字冶愚，晚年自号红杏老人。1889 年，陈邦贤出生于沙沟镇一个知识分子家庭。13 岁起学医，师从江苏丹徒名医李冠仙。1907 年，赴江苏省简易师范学习。后得到大学者丁福保热情指导。1914 年，倡导成立了医史研究会。1924 年，陈邦贤代表中国医学界，应邀出席在日本东京召开的远东热带病学会第六次大会，在国际上扩大了我国传统医学的影响。1949 年后，积极参加新中国的医疗卫生事业。1955 年任卫生部中医

研究院（即今中国中医研究院）医史研究室副主任，为国家培养年轻一代的医学史研究人员。他积极参加社会活动，曾担任第四届全国政协委员、农工民主党中央委员、农工党北京市委常委等，还兼任《中华医史杂志》编委、中华医学史学会及北京分会医学会常务委员、《中医杂志》编委等学术职务。著作丰厚，传有《二十六史医学史料汇编》《十三经医学史料汇编》，著有《自勉斋随笔》。

陈邦贤于1919年撰成我国历史上第一部《中国医学史》，由上海医书局出版，被称为“空前的杰作”。以后，陈邦贤提出了“医史学”这一概念，对医学史与医史学的异同作了说明，强调：“研究医学进展的过程，叫做医学史。研究其文化、学术、政治、社会、经济等背景，叫做医史学。”他扩大了医史研究的范畴，进一步明确了医史学的任务在于总结历史经验，了解当下，以利将来更好发展。

陈邦贤是我国的医史学家，中国医学通史研究的开拓者和医史教育的倡导者，为中国医学史的进一步研究奠定了基础，为后来学者留下了宝贵的学术遗产。

71. 兴化有哪几位学部委员和两院院士？

兴化有李继侗、钮经义、李德平、朱亚杰、王振义、王存玉等6位学部委员和两院院士。

李继侗（1897—1961），字希哲，中国植物生理学开拓者、植物生态学与地植物学奠基人。1921年入美国耶鲁大学林学研究院，是中国人在林学方面获美国博士学位的第一人。1925年回国，先后在金陵大学、清华大学、北京大学生物系任教。1955年，被选聘为中国科学院学部委员及生物学地学部常务委员。1957年，出任内蒙古大学第一任副校长。著有《李继侗文集》。

钮经义（1920—1995），字季常。1942年毕业于西南联大化学系。1948年赴美国德克萨斯大学攻读生物化学。1956年回国，任中科院生化研究所研究员。1981年当选为中科院学部委员。钮经义作为中科院生化研究所人工合成结晶牛胰岛素研究的主要负责人，为中国1965年在世界上首次用化学方法人工合成结晶牛胰岛素作出了贡献。

李德平，1926年生。辐射物理学家。我国核工业辐射防护事业的主要奠基人。1948年毕业于清华大学物理系。先后任中国科学院近代物理研究所研究室副主任，核工业部辐射防护研究所所

长、中国辐射防护研究院院长、中国核安全专家委员会副主席等。1991 年当选为中国科学院院士。著有《辐射防护手册》等。

朱亚杰（1914—1997），原华东石油学院副院长，教授。1934 年考入清华大学化学系。1946 年赴英国留学，入曼彻斯特工学院学习。1950 年回国任清华大学化工系教授。1956 年任北京石油学院副院长，创立了中国第一个人造石油专业。1980 年当选为中国科学院学部委员。1994 年当选为中国工程院院士。

王振义，1924 年生。上海第二医科大学终身教授、博士生导师，国内血栓与止血专业的开创者之一。历任上海第二医科大学病理生理教研室主任、校长，上海血液研究所所长等职。1994 年当选为中国工程院院士，后当选为法国科学院外籍院士。在国际上首次用国产全反式维甲酸治疗急性早幼粒细胞白血病，获美国癌症研究大奖凯特林奖。2010 年获国家最高科技奖。

王存玉，生于 1963 年。1989 年获北大口腔临床博士学位。1990 年赴美国从事博士后研究。1998 年获北京大学分子生物学和遗传学博士学位。曾受聘为北京大学口腔医学院长江学者讲座教授，香港大学、上海交通大学、南京医科大学客座教授。

2010年任美国洛杉矶加州大学牙学院副院长，口腔生物学和医学系主任。2011年当选为美国国家医学院院士。2013年当选为中国工程院外籍院士。

72. 兴化为什么被称为水乡？

兴化地处苏中里下河平原，地势低洼，河湖溪荡水网交织。历史上“沧海远环于东，珠湖迴挹于西，南望大江，北指长淮，地气毓灵之会。镜中水色，出没鱼龙。虽无山麓，实阻水为固。若襟六溪，带五湖，桥枕凤凰，沟盘龙虎，皆一邑之大观也”（明嘉靖《兴化县志》）。

水乡兴化　杨天民摄

旧时的兴化，水面积大于陆地面积，在兴化

境内，水荡众多，土地破碎，无舟不行，故古人诗云“大泽茫茫不通陆”。经过若干年的改造和建设，现在的水面积仍占全市面积的四分之一。

境内湖荡主要有大纵湖、吴公湖、平旺(望)湖、得胜湖、郭正（真）湖、乌巾荡、癞子荡、沙沟南荡、花粉荡等。历史上还曾有过射阳湖、南津、东门泊等较大水域。

主要经河（南北走向）有串场河、茅湾港、阵营河、雌港、雄港、东塘港、盐靖河、西塘港、渭水河、上官河、下官河、南官河及卤汀河等。

主要纬河（东西走向）有兴盐界河、海沟河、白涂河、车路河、 梓辛河、蚌蜒河等。

这些湖泊和干河之间又形成了无数溪、汊、泊、沟，纵横交错，密如蛛网。无数溪荡之间，便出现了高耸的垛田和土围的圩田，各式桥梁架设在村庄、集镇和城区内外，大小舟船穿梭在水道之中。历史上形成的“昭阳十二景”中六处自然景观皆离不开水，如东皋雨霁、胜湖秋月、龙舌春云、南津烟树、十里莲（菱）塘、两厢瓜圃。即使到今天，引以为豪的兴化名片，如“千垛菜花”“水上森林”“万亩荷塘”等，依然离不了水。

水是兴化的魂。兴化是浮在水上的片片荷叶，汇满天地六合灵秀之气。

73. 兴化老城区曾有哪些古桥梁？

兴化古城四围皆水，城内外市河众多，形成了“小桥流水人家”的水城风貌，老城区范围内曾有历代修建的古桥梁及不知名的木桥近百座。

其中，东西向市河上有东水关桥、东岳庙桥（古名盐务桥，一名高桥）、东虹桥、长安桥（古名便民桥，一名永福桥）、古虹桥、县桥（古名沧浪桥，正名太平桥）、文林桥（古名崇福桥，一名崇儒桥）、淌水桥（又名响水桥）、西淌水桥、城隍庙桥（古名迎恩桥、一名少府桥）、罗汉桥。

南北向市河上有中和桥（古名登瀛桥，俗名八字桥）、靴桥、广福桥（又名东寺桥）、矮桥（又名蔡家桥）、天福桥（古名虹桥）、天寿桥、北高桥（又名读书桥）、天禄桥。

北城内东西向的玉带河上有北水关桥（内、外各一座）、富安桥（俗名大街桥）、玉带桥（俗名小街桥，又名华神庙桥）。

海子池一带有蛤桥、英武桥（又名鹦鹉桥）。

南水关通往市河的南北向支流上有南水关桥（内、外各一座）、税牛桥（古名毓英桥，一名毓秀桥，俗名税米桥）。

莫家河（今张老娘巷）上有惠政桥、马桥（古

名崇武桥）。

以上为老城区城墙以内的古桥梁。

此外，东城外有古板桥、文峰桥、宝塔桥（一名西桥）、中桥、吉家桥、磨子桥（一名东桥）、和合桥、丰乐桥、杨家桥、方兴桥、上真庙桥、菜桥、徐家桥、万寿宫桥、龙珠桥（古名万善桥）、麒麟桥。

南城外有通文桥、凤凰桥、新桥、南闸桥。

西城外有董家蛋行桥、石桥（古名左家桥）、文殊桥、宗家桥、杨板桥、极乐桥、锁水桥。

北城外有北闸桥（古名济民桥）、肇兴桥。

74. 什么是垛田？

垛田是一种岛状的田块，也叫坨、墩、岸（断岸、圃岸、卦岸、埂岸）。垛田四面环水，形状不一，因势而成。或呈长方形，或呈曲尺形，或呈椭圆形，或呈不规则形，亦有呈半岛状，叫做“自接垛”。垛田大小不一，大者数亩，小则几分。随着水利的发展，它的高度也发生着变化，南宋以来到二十世纪上半叶左右，兴化垛田在正常水位时，高出水平面4米以上，最高可达6米。二十世纪八十年代，多数垛田被放平，余土用以填塞溪河，而形成成片的大田，原来在垛上农作

的菜农转身成为粮农。兴化千垛景区和水上森林的垛田，多数高出水平面仅 70—80 厘米，叫做“塥垛”。“塥垛”也是垛田的一种形态，多形成于湖滩或浅水的沼泽地区。

兴化垛田　吕厚民摄

2013 年，兴化垛田被命名为中国农业文化遗产；2014 年，兴化垛田被世界粮农组织公布为全球重要农业文化遗产。2019 年 10 月，兴化垛田入选国务院公布的第八批全国重点文物保护单位。

75. 什么是葑田？

葑田也叫架田，是宋元时期出现的一种土地形态。由于黄河夺淮，洪水泛滥，晚唐时期所形成的垛田已不适应水势的增长。人们为了生存，除了继续利用高地、坡地进行种植和加高一部分垛田以外，还尝试着创造一种可以漂浮在水面上的田地，于是就出现了葑田。葑，是一种水草。元代王祯《农书》载：“《集韵》云：葑（方用切），菰根也。葑亦作湗，江东有葑田，又淮东二广皆有之。”以树木绑扎成双层或多层木架，中间以土壤和水草予以填塞，上层复土，再以粗大的绳索拴住田块，就成了葑田或架田。这种田块，半浮半沉，可以随水势而上下浮动，用以抵抗洪水的浸漫。这种形态的土地曾经出现在我国的两广、江东（太湖流域）和淮东地区。“淮东”是“淮南东路”的简称，两宋期间，兴化隶属淮南东路。明代有着“五朝元老”之誉的高穀在他的《题兴化邑志初稿》一诗中也提到兴化“葑田凫唼唼，芦渚雁嗈嗈”。葑田最终消失在元末，当洪水退去时，葑田沉入河床，人们在此基础上，填土垒积，加高加宽，又形成了垛田。因此，从这个意义上讲，葑田只是垛田的另一种形态。

76. 垛田是怎样形成的？

由于长江和淮河夹带泥沙向东推进，潮汐和洋流运动使大量泥沙堆积，江、淮之间逐步成陆。经过由海湾到潟湖状缓慢而历久的演变，形成了里下河水网平原。而兴化正处于里下河腹地，周高中洼，“形如釜底。” 约6000多年前，这里就有人类活动的痕迹。最初人们以渔猎为生，辅以豢养、采摘及小片的种植。种植业走向农耕经济的中心也经历了一个漫长的历史阶段。起初，人们利用自然高地进行人工改造，形成了垛田的最初形态——涂田。涂田四周环绕着人工挖掘的淡水沟，上面种植芦苇或耐盐碱的农作物——稷、粟和野生稻谷，被后世称为“红粟”。历年进行“粪溉”，即施肥和灌溉，使田块增高扩大，同时降渍去盐碱。

唐代安史之乱以后，我国的经济中心向江淮南移，大量劳动力涌入兴化。加上唐大历二年（747），唐朝政府在今兴化东部修筑了一条挡海潮的常丰堰后，堰西的农耕经济快速发展，人们与水争土，在涂田基础上形成了成片成群的垛田。

“垛”的释义是堆积，最初的垛田依然以种粮为主。当种植业已经成为农耕经济的主体，人

口规模和经济规模达到了一定的程度，这个原本隶属于古海陵县的昭阳镇终于在公元920年正式设为兴化县。

后至北宋天圣年间，范仲淹知兴化县事，再筑捍海堰（范公堤），为进一步开发垛田提供了有力的保障。兴化市博物馆馆藏文物——南宋初期的军用韩瓶上，有一个异体字的“垛”字，证明了两宋时期垛田的客观存在。

北宋时在江淮大面积推行水稻的种植，这不仅改变了兴化人的饮食结构，而且在兴化形成了另一种土地形态即沤田（水田），沤田取代了垛田种粮的功能，垛田自此改变了种植结构，即以种植瓜蔬和经济作物（如蓝、麻、菜籽）为主。此时的垛田并不如后来那么高耸，当时的淮水顺着自己的水道东去入海，对里下河特别是兴化的威胁并不如后来那么严重。

当两宋之交特别是进入南宋后，河道失修，黄河夺淮，黄淮之水汹涌而至，里下河特别是兴化的地形地貌因洪水而发生变化。灾后重生，人们重建家园，葑田、垛田同时并存，垛田越筑越高，就形成了成群的水上丘陵，出现了壮观的垛田美景。

明清时期，兴化东部及南部地区筑成圩田，

中部和西北部依然是垛田地貌。

新中国成立后，由于治理黄河和淮河取得举世瞩目的成果，垛田逐渐降低或局部消失。

77. 垛田的面积如何计算？

千垛菜花景区的墒垛，只有一个种植面，它的面积计算十分简单。而高耸的垛田种植面是由一个朝天的面和若干个坡面共同组成的。垛田形态各异，面积计算十分困难。聪明的垛田人便采用了一种换算的方式，并且创造出了“缸”这个计算单位。

除瓜果蔬菜之外，垛田曾经种植多种经济作物，其中一种叫“蓝”，这是一种既可入药（如菘蓝，又名茶蓝、板蓝根、大青等），又可以制作传统染料蓝靛的植物。《重修兴化县志》（梁志）载：“靛：大蓝、小蓝，出城东各垛，浸汁为靛。虽不及建靛之佳，然远近数百里，皆赴兴采买，其利甚溥。”当时垛田蓝种植面积很大，在明代中期列入兴化县“岁办”的蓝靛就达2100斤，由此催生了兴化的一个特殊行业——靛行。在鸦片战争以前，兴化是蓝靛的集散地。鸦片战争爆发后，西方的各种化工染料进入中国，这种传统染

料失去了市场，蓝的种植也就消停下来。一战期间，由于欧洲工业受到战争的冲击和破坏，加上运输的困难，蓝的种植和蓝靛的需求也曾一度再起，但不过是回光返照罢了。《续修兴化县志》（李志）记载：“制靛：近城圃岸多植大小蓝，为染色之原料。其制法，先将蓝叶割下，浸置缸中七日；然后掺入石灰，越数日，取出蓝叶，以竹棍搅捞其所浸之汁，每天三四次；再越四五日，发现颜色，即告成功。在昔产量颇丰，自舶来品输入内地，土靛几于绝迹。近年西靛缺乏，价格奇昂，土靛复乘时种植，但远不如从前矣。”

垛田种蓝经历了一个很长的历史时期，人们将收获的蓝草切碎，按照一定的比例投入标准的陶缸中与石灰同沤，然后蒸发，晒干就成了蓝靛。面积的大小决定收获，一个垛子所收获的蓝靛能够使用多少口标准缸，就成了面积计算的标准。“缸”也就成了垛田面积计算的单位名称。一般说来，一“缸”约合一分，即 0.1 亩。

78. 为什么兴化古城又被称为“垛城”？

一群高耸的垛田簇拥着形成了墟市和集镇。唐代的昭阳镇、五代的兴化县治都是在不断改变

和改造这群垛岛的基础上建立起来的。

兴化自五代建县一直到南宋早期，都没有城池。原因很多，但有一个基本原因，就是施工难度大。兴化县治四围环水，东有东门泊，南有沧浪溪，西有西荡河，北有乌巾荡，浩浩淼淼，波蒸云撼。县治诸垛间溪水环绕，通往外河，垛与垛之间都靠一些砖砌或木制的桥梁相互连通。如何建城，难度很大。按照《考工记》，城池及城内街巷及衙署的分布是有一定规范要求的。在这内外皆水、零散破碎的土地上建城，难倒了一代代的官员。

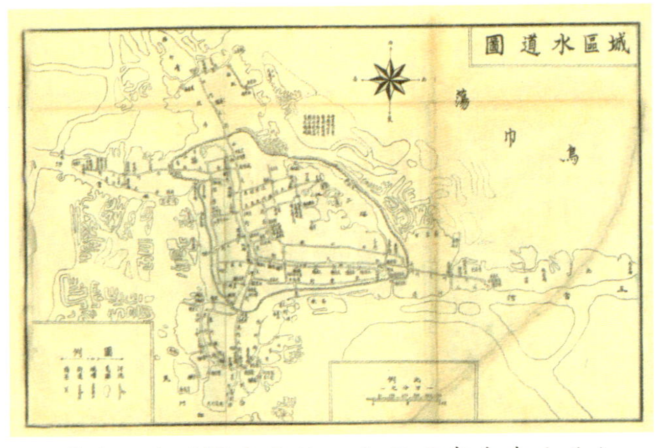

群垛环城（图中方位：上西下东左南右北）

到了南宋宝庆元年（1225），为了战事的

79. 道教何时传入兴化？

早在东汉末年，于吉在江淮一带宣扬道教，道教就已经进入今兴化一带。有文字记载的兴化境内最早的道观则出现在唐代，如唐早期的刘庄玉虚观，唐中期的城区（唐代昭阳镇）开元观。特别是进入晚唐，常丰堰筑成后，提高了农耕生产力，种植业成为今兴化境内经济结构的中心，人口稠密，一大批道观出现在城乡，如中堡附近的玄武庙、戴南七星庙、茅山三茅宫等。宋代城区的三清观（今西城外大街北侧）、元代城区的四圣观（今东岳庙西侧）等则是不同时期道教在兴化发展的历史见证。明代是兴化道教的全盛时期。道观林立，如城区的东岳庙、天妃宫（妈祖庙），东城外的上真庙、晏公庙，南城外的三官堂、北城内外的华神庙、火星庙等。其中尤以东岳庙为最盛，建于明永乐年间（1403—1424），前后五进，金龙蟠柱。其东长生院静谧幽雅，古桧苍翠，为邑中佳盛之处。宋元以来，道教在兴化的传承主要为全真教，如兴化东岳庙开山道长姜可常、方壶岛陆西星（为全真内丹南宗传承）等，但以茅山宗正一教在兴化的传承则贯彻始终。如开元观在明代为茅山下院，四圣观首任道长柴默庵为茅

山道士等。进入清代则全部为可以娶妻生子的正一教道人。

80. 佛教何时传入兴化？

兴化在920年建县以前，就已传入佛教。三国时期，佛教传入金陵（今南京）一带，应该很快波及到长江以北，但无文字和实物可考。东晋义熙（410前后）年间，在古海陵县出现了第一座佛教寺庙——万寿寺（今光孝寺），当时兴化尚未建县，是海陵县的一部分，所以兴化的佛教应与海陵（今泰州市）同源。到了南北朝初期（421—422），在今兴化境内出现了一座蒿坡庙（在今昌

戴南护国寺

荣镇境内），相传为南朝第一代皇帝刘裕所建，被后人称为“南朝四百八十寺”之“第一寺”。

有文字记载的城区最早的佛教寺庙是建于唐代早期的定慈寺（今上元街至府前街一带）。安史之乱以后，特别是大历二年（767）常丰堰的筑成，吸引了大批北方劳动力的涌入，今兴化境内农耕经济快速发展，佛教也随之兴盛，先后建成了城区东寺（广福寺，在今长安路东侧五星电器以东）、西寺（宝严寺，在今牌楼路与丰收路交汇处）以及木塔寺（在今昌荣镇）、罗汉寺（在今安丰镇范顾村）等。两宋时期，不少道观被改造成佛寺，如茅山的景德寺、中堡的长安寺、戴南的护国寺等。在城区相继出现了时思寺（在今东城外大街）、义阡寺等，到清末，兴化境内有大小佛教寺庵600余座（不含圩南地区）丛林13座。但多数毁于二十世纪三四十年代日寇侵华的战火。如唐代的定慈寺毁于1939年日寇飞机的轰炸，于新中国成立初一度改建为胜利剧场。改革开放以来，相继恢复了宝严寺、观音寺、景德寺、护国寺等一批有历史文化价值的佛教寺庙。其中戴南护国寺、周庄罗汉寺被公布为文物保护单位。

81. 景德禅寺是由道观改造为佛寺吗？

兴化茅山是里下河水网平原上唯一的一座自然形成的山岗。相传西汉时茅盈、茅固、茅衷在此修炼得道。汉唐时期，茅山上建有一座三茅宫道观。唐明皇时砌成的一眼泉井，至今犹存。唐末以来，历经陵亭之战等劫难，道观渐渐颓圮。

宋真宗景德四年（1007），德净禅师挂锡于兴化茅山三茅真君观，改道观为寺院，以真宗年号名曰“景德禅寺”。对殿宇加以整修葺理，迁三茅真君塑像于山巅，建大雄宝殿于山之中心。次年十方檀越又大兴土木，建殿塑像，广招僧徒。依山而筑的古寺，中轴五进，次第增高，山寺壮丽，佛像庄严，又有两厢合抱，树木葱茏，乃得“山水小蓬莱”之美誉，成江北里下河地区的一座佛教名山。

景德禅寺历经宋元，薪火相传，代代明灯，佛光普照，香火鼎盛。

到元末，由于张士诚起兵，兵革往来，古寺荒废，一片狼藉。

明初，洪武二十三年（1390），德琚大和尚重整山门，景德禅寺香火复燃。

永乐五年（1407），册封国师仙训奉诏化游

天下，道经茅山，见其地幽僻古雅，因而挂锡上书，奉旨改名“敕赐景德至化禅寺”，并大兴土木，景德禅寺再振雄威。

明末清初的兵燹所致，古寺再遭一劫。

雍正二年（1724），济生玄度禅师奉国师木陈道忞住持景德禅寺。修理殿宇，开设道场，弘扬佛法，景德禅寺遂为禅宗临济法派传承。

同治元年（1862），博通儒释、学识丰厚的朗月大和尚自扬州高旻寺卓锡茅山。光绪间，由他首倡，联络兴化、东台、泰州等地丛林名刹共同组织华严莲社，并以茅山景德禅寺为首，每年一县（刹）轮流举办华严盛会，成为近代华严中兴祖庭。

景德禅寺又以人文底蕴深厚而誉满大江南北。北宋天圣年间，后来宰相天下的富弼曾于此读书，与名流范仲淹、滕子京、周孟阳、胡瑗等经常一起纵论天下事，畅叙达旦。寺内五贤祠即因此而设。

北宋后期江西诗派诗人韩驹、明代诗人徐改之、学者任大椿，抗战时期新四军军长陈毅、原江苏省代督军兼省长韩国钧（紫石）等都曾驻足于此，以黄逸峰为司令的苏中“抗联”司令部即驻于寺中，为茅山再添雅韵。

佛家有舍身之德。为了抗击外侮，茅山景德

禅寺作出了最大的牺牲。1944 年 11 月，因抗战需要，拆毁了景德禅寺大部分殿堂。后又陆续挖山填沟，以至寺不存，山亦不存。仅几块残碑和一口唐井还在幽幽地诉说着昔日的辉煌。

2007 年，古寺佛光再现，莲宇焕然。

82. 上方寺因何而来？

明崇祯七年（1634），天隐圆修和尚入主浙江武康报恩寺，他是禅宗临济宗磬山派始祖，报恩寺因此成为磬山派最早的道场。天隐功成圆寂后，交席玉琳通琇。

上方寺

玉琳座下弟子朗然和尚，受玉琳的嘱托，芒鞋托钵，北上渡江，来到兴化，想起《四十二章经》中“佛言，视兴化如四时木”那句话，认为这就是佛说的物象变幻无穷的兴化，也正是自己行脚千里所追寻的海天佛国。

兴化古城东车路河北岸群垛之间，有一“大徐垛”。朗然便在这里“草创数楹”“结庵梵修”。因地处东郊，按《汉书·孟康注》中“上方谓北与东也，阳气所萌生”之典，命庵名为“上方”。该寺从创立伊始，就成了临济宗磬山派的嫡传法脉。

朗然弟子定生经多年精进，终成法器。以丛林规模重建兴化上方寺，成上方寺中兴一代宗祖。嗣后，经数代人努力。上方寺终以占地 50 多亩、殿堂 300 余间、佛像庄严、弘规备具而跃为兴化丛林之冠。定生传弘量。弘量“遁于上方十有余年。足不出户，身不妄交”，“虽大儒不驾”，清高孤岸，被誉为“禅宗尊宿”。郑板桥曾写下脍炙人口的《弘量上人精舍》：“渺渺秋涛涌树根，西风落叶破柴门。蛮鸦日暮无人管，飞起前村入后村。山门夜悄不能呼，冷烛秋船宿苇蒲。残月半天霜气重，晓钟鸡唱满东湖。”

清雍正十一年（1733），弘量被宣诏入京。

七次赐以紫衣金钵。册封“禅师”，入贤良寺编辑大藏经（龙藏）。

弘量入京后即命其徒宝玑、宝珠主持兴化上方寺，恭迎龙藏，建藏经楼，寺院规模大成，名气大震。皇帝所赐之物及龙禅床、方竹、枯枝牡丹、磬口蜡梅等俱成寺院镇山之宝。

作为磬山道场的上方寺，前后三百年，一直书写着兴化佛教昌盛的篇章。1941 年兴化沦陷，上方寺被日寇毁之过半，宝物遭劫，损之殆尽。1945 年又遭日伪“拆庙、驱僧、毁佛”而荡然无存。

改革开放后，城区北郊的乌巾荡被选定为上方寺新址。一座占地 90 亩的上刹丛林再次享誉海内外，四时花木和千年法水祈祷着国泰民安、天地祥和。

83. 为什么说“兴化出高僧”？

兴化梵宇林立，名僧辈出，素有“兴化出高僧”之说。远近名山大刹的方丈、住持以及海内外享有盛名的大德高僧中，兴化籍或曾卓锡兴化在兴化修持过的和尚占有很大的分量。

顺治皇帝所册封的三位国师，有两位与兴化相关。

一位是原兴化龙珠寺开山始祖木陈道忞，此人于清初为临济天童派最高坛主，名播天下。其嫡传弟子法孙遍及全国，尤以兴化为盛。

另一位是兴化上方寺的祖庭报恩寺方丈、清初临济磬山一脉掌门玉琳通琇。顺治皇帝受其影响极大。他在明末派遣弟子朗然云游兴化建上方寺。其法孙定生、弘量皆为兴化人，名噪一时。雍正年间，弘量以玉琳嫡传身份被册封赐紫，与修龙藏经典。与弘量同时被册封的莲峰和尚则是郑板桥的好友、康熙年间的兴化时思寺住持。莲峰在兴化的接位者具宜禅师后亦曾入都，受到雍正的召见。

清代，兴化尚有仙训、牧云、具宜、元龙、雪悟、天慧、成龙等大德高僧先后被皇帝召见、赐紫或册封。光一个清代，受过册封赐紫的大和尚就不下十人。故有“大师生于江苏兴化，兴化向出高僧大师”之谓。

兴化佛教鼎盛、高僧辈出的原因，一、皇权染指。封建帝王如顺治、雍正等插手佛教，推广推崇。上有所好，下必效焉。二、地方官推动。历任地方官，多襄助佛门，妥为护法。北宋范仲淹任职兴化时，曾为关帝庙撰过《关圣庙碑记》。清朝道光县令魏源曾于兴化西寺（宝严寺）办公

著文，后于天宁寺顶礼受菩萨戒。三、名流参与。乡贤显宦、硕儒俊彦或皈依三宝，参禅悟道；或与佛门交好，缔方外莫逆。状元宰相李春芳亦为观音阁撰过《观音阁碑记》。明末相国吴甡、大司马魏应嘉等皆成佛教居士。郑板桥一生以与佛门弟子相交为赏心乐事。与他交往的有名可考的高僧、名僧有30多人。不同历史时期的知识分子、饱学之士遁入空门，他们都曾为俗世才子，身入空门，使得兴化历史上佛门的总体素质得以提高，名僧、高僧不断涌现。四、民众多附。兴化地近海隅，斥卤贫瘠，每有贫家子弟遁入空门。郑板桥说：兴化无山，一村一落必有茅庵精舍，为高僧隐流梵修栖息之所。五、教义宜人。明清以来，兴化佛门倡导“儒、释双修”，这使得佛家理论与儒家思想相互印证、相互补充，也更有利于佛教的推广。“儒释双修”使得兴化僧侣有了厚实的国学基础，他们中不少人著作丰厚，留下很多《语录》和诗文集，跻身高僧行列。

84. 上池斋药店有什么历史文化价值？

清康熙六十年(1721)，扬州人方石川经考察，在通泰街（今东城外大街）黄金地段，以重金购

得坐南朝北前后三进两厢一楼几十间，占地面积约300平方米的明代建筑，开设药号“上池斋”，店名根据《史记·扁鹊传》中“饮是以上池之水，三十日当知物矣”典故。聘请书法家李培源书写店名，制成金字招牌。邀请书法高手宗德超为“上池斋”店堂撰写嵌字楹联：“上苑风和芝草秀，池塘日暖杏花香。”与“橘井流芳”“杏苑长春”“采芝寿世”“水饮上池”等竖匾相映成辉，给古老的药号增添了浓厚的文化色彩。

“上池斋”前店后作，药店上层为药库，底层为店堂，店堂由前后两进，中间卷棚搭连组成，有精雕挂落。1932年，落架大修。仿上海国药号式样，将店面改建成石库门，同时将近200平方米的店堂地面铺设进口彩色釉面方砖，主次三个柜台饰以进口青花釉面方形瓷砖。

“上池斋”一贯恪守医药职业道德规范，效仿“同仁堂”的经营管理模式，主营“丸、散、膏、丹”，兼营“饮片”。在经营活动中，做到购料地道，选料考究，制料精良，并注意包装美观，富有特色。“上池斋”在中药加工炮制过程中的火制（炒、炮、煅、煨），水制（洗泡、水冲），水火同制（蒸、煮、淬）等工艺流程都严格遵守唐代《新修本草》的规定法则精制药物。药场内部按中药的不同种类、

性能及加工工序，分成药酒司、研粉剂司、熬膏司、吊腊丸司等。对于秘方成药，则由业主亲自炮制，其配方及制作程序都严格保密。“上池斋”在过去近300年间所制售的“丁沉丸”“状元丸”“龟甲散”“参蛤散”“玉带膏”“时行暑疖膏”“化毒丹”及“丹参饮片”“肉桂饮片”等疗效甚著，享誉兴化城及周边乡镇和里下河各县。

上池斋药店

上池斋药店自开业至今，近300年始终经营中药。目前，“上池斋”整个店堂仍保持古色古香的历史原貌，店内所有陈设，如药柜、药瓶（罐）、捣筒、钱桌、牌匾都为原物，与店堂相连的原制药作坊还是明代建筑，成为苏北、苏中地区历史最为悠久的药店。其建筑风格涵盖明清至民国的特征，具有较高的历史和科学价值，成为兴化金东门历史街区代表性建筑群。2002年被列为江苏省文物保护单位，2013年3月，被国务院公布为全国重点文物保护单位。

85. 为什么李园被称为“余园半亩”？

李园是江苏省文物保护单位。它紧凑典雅，但占地不多，被清代著名造园设计家张灏题为“余园半亩”。

李园主人李小波原为扬州富商，咸丰年间因避太平天国战乱移居兴化。开设德本当典，在当典和居室以北的一条狭长地带建造了李园。建筑风格独特，设计及建筑技艺精湛，地域特色鲜明。

李园设计者张灏，清代松江人，曾任九江知府，为清代中晚期著名造园家。

李园的主要建筑由东往西分为三个既分又合

的院落。东院由方亭、船厅和方厅组成。“余园半亩”的石额嵌于方亭朝南的门楣之上，为旧时入园通道。北为船厅，是一座最富特色的清代建筑。整体呈船状，船头朝西，正对明清时期的县狱大禁的高墙，化镣链之音为扬帆舟船的锚链之音，正好体现了造园设计家的巧妙构思和高超创意。由方厅西去可分别进入南院和北院。南院主体建筑为桂花楼，木制上下两层，院植桂花石榴，幽僻清雅。北院原为土山，山有凉亭，今不存。

李园船厅

石刻众多是李园的一大亮点。如清代书法家汪洵题船厅“沧浪画舫”、杨岘所题“谅斋”、阮元题北院之“吟春”、扬州八怪之一的杨法所题“盪云”、刘墉所题之赞联等，亦有当代书法家赖少其等所题之匾额，尤以张灏所题之“余园半亩”最显目，被称为点睛之笔。

86. 东岳庙建于何时？

东岳，即泰山。东岳庙即是祠祀泰山之神的庙观。兴化东岳庙的全称为“东岳神庙”，最初称为“东岳行宫”。位于古城内最繁华的东大街上，坐北朝南。由邑人王典建于明代永乐年间（1403—1424）。

东岳庙由东西两大部分组成。西部为中轴主体建筑，由南往北，依次为牌坊、山门、戏楼、大殿和五岳楼。

东岳庙大殿殿脊

牌坊石质、四柱三门，横额“菁华帝阙”。歇山飞檐的山门三门洞开，呈方形，名曰“玄

关”，入了此门，便成“方外”了。中门上方嵌有“东岳神庙”石额，山门内塑有道教护法神祇王灵官，两侧分列“四象”：青龙、白虎、朱雀、玄武。

山门北去，有一座上下两层、重檐飞角的古戏楼，系东岳盛会期间演戏娱神的场所。

戏楼与山门间两厢相对，是为廿四司。

戏楼后的月台上高矗的正殿，庄严硕大，由前后两殿合成，中间以卷棚用斗拱镶接。正北高大的神龛中为东岳大帝彩塑坐像，双手抚膝，戴帝冕、着龙袍，佩太平之印。坐椅之下为一口“神井”，这是具有兴化地方特色的配置。兴化地势低洼，历史上十年九涝，先人希望能以东岳之神力“压”住洪水，以求五谷丰登。神龛前一对粗壮的木柱上盘着一对金龙，粉彩装金，威猛狰狞，烘托出帝王气势。

大殿东西两壁神坛上排列值日星官。殿正中悬《东岳宝训》，有匾二：前殿为“岱宗锡福”，后殿为“位高五岳”。

正殿北去是高耸的五岳楼，供奉东、南、西、北、中五岳神像，祝愿国运昌盛、天下太平。

中轴五进，一进高似一进，至五岳楼已与古城墙不相上下。

后殿有洞门通东部长生院，长生院中银杏、

松柏，翠竹遮荫蔽日，一片清静。建有斗姥宫、道长室，祖师殿、客堂等一应设施，幽静典雅，玲珑剔透。斗姥宫前有一古桧坛，坛内桧树系开山道长姜可常从泰山移植至此。虬枝盘干，水乡罕见。旧时小孩“寄名”，常挂红布条于上，为院中一景。

东岳庙地处闹区，香火旺盛。五行八作，吆喝其中，呈现出一幅市井民俗画图。

87. 杨家大院有什么历史文化价值？

杨家大院，又称“杨家大楼”。位于兴化城区东城外大尖，始建于明中期，东至复顺和巷，西至鱼市口，南至大尖南河，北至龙津河边，系明清时期苏中地区最大的工商金融大族杨氏家族的宅第、店铺和货栈。现存院门、后楼、板厅和南货栈等主体建筑，占地面积5281平方米，建筑面积4517平方米，是一处具有明、清和民国不同风格的古建筑群。2011年江苏省人民政府公布为文物保护单位。

明万历年间，江南句容商人杨彦秀、杨达斯父子迁往兴化。先在北城外南上河边创立“万顺号”南货店。因其经营有方，生意逐渐做大，资产也雄厚起来，遂在东城外大尖上购置铺面房、住房加以改建、扩建，然后将“万顺号”南货店从北门移至东门，同时，改南货店为以批发为主的南货行。经过几代人的经营，至五世杨启葆，杨氏家族发展成兴化巨富，清代学者徐珂将杨启葆及其产业计入《清稗类钞》。

杨家大院反映出明代中后期兴化地区资本主义萌芽和民族工商业发展的历史，是研究兴化工商业、金融业发展史和建筑史的实物资料，具有较高的历史和科学价值。

88. 万兴大典的建筑有何特点？

万兴大典，又名万兴公典。位于兴化北城外大街，始建于清乾隆年间。占地面积 4000 余平方米，建筑面积 2736 平方米。现存南北门楼两处、临街铺面楼一幢，上下十二间、库房分东西两部分，并排错落成两个“日”字形。东库房楼五开间，三幢上下三十二间（第一进有过道为六开间），西库房楼三开间，三幢上下十八间，东库房楼的天井两端有连廊楼四处，上下八间，西库房楼的天井西端有连廊楼二处，上下四间。东西库房楼两端山墙，均为高大的封火墙。铺面楼与库房楼有串楼一处，上下都有明暗门相通，所有屋面木椽下，钉有经防腐防蛀的竹片（俗称天罗），大小天井九个，库房楼的各天井通天处装置木格铁条网（俗称地网）。整座建筑楼群为砖木结构，内部结构呈现防火、防盗、防霉以及防鼠功能，集古代仓储与保密建筑特征之大成。这座体量宏大，独具特色的典当建筑完整保留至今，是早期金融业在兴化发展的实物证据，具有较高的历史、艺术和科学价值。2007 年，公布为兴化市文物保护单位，2012 年，公布为江苏省文物保护单位。

万兴大典

万兴大典创始人王志广，兴化人，乾隆间捐例出身，后晋为五品官衔，先后任广西梧州、柳州知府及道台。兴化四牌楼上“粤西召杜”匾额为旌表他政绩而悬。王志广晚年告退归里后，在北城外王府小巷处兴建了高大气派的王府，在北城外大街东侧开设了万兴大典。

89. “金东门”之说从何而来？

明清以来，兴化曾有“金东门、银北门、偷偷摸摸（注：方言。意谓零零星星，不成气候的商铺、作坊）西南门”之谓，讲的是兴化的商业分布情况，其中以东门最为繁盛。

金东门的形成，与兴化城区的水利设施有关。

唐宋之时，兴化对外的主要通道是经城南的卤汀河、南溪乘船至沧浪溪南端，舍舟登岸入城。宋元之际在城南（今跃进桥处）筑成堤坝（俗称“老坝头”），阻挡南来之水进入西水关，又在西水关北侧筑成一道往西直至阳山脚下的西堤，阻挡北来之水。老坝和西堤刹住了西水关外的水位和水势，使来自东、南、北三水关的城内市河之水形成自然循环。遭涝则闭三关而独启西水关使之下泄，遇旱则闭水关以自蓄。海子池成为蓄泄的中枢。明朝嘉靖年间，自海子池以东开通玉带河，“汇三关之水于海子池，而下泄于西水关”的作用格外显著。

这样，经由水路从西从南进入兴化城的通道受限，而东门地区，东濒东门泊（龙舌津），南有沧浪水，北依上官河、乌巾荡，农民多数从东门进城，东城外大码头以及龙舌津畔长年泊有各类船只。东门内外的商业也随之繁盛起来。

城内东大街　朱宜华摄

明代中期以来，随着资本主义工商业的萌芽，客帮商人看中兴化的资源和市场，来到这里开作坊、办商店、搞贸易，以雄厚的资金和合理的管理模式刺激和带动了兴化工商业的发展。兴化逐渐成为当时里下河地区工商业最为繁华的县城之一，“金东门”的商业优势也日益彰显。

金东门是指以东城内、外大街为轴的南、北两大地段，一条商业街市、三大商行构成金东门的初步格局。

金东门城内外大街上商号林立，作坊遍布，商贾云集，百业兴盛。一些老字号商铺历百年而不衰。许多商铺，前临大街作店，后傍市河卸货，带着浓郁的水乡特色。大街两侧是幽长的小巷，砖石铺地，苔痕映阶。小巷的名称，像一张张富有个性的名片，辐射着行当特色。如制靛染色的染坊巷、做竹器的竹巷、制作头面首饰的珠蕊巷等。

三大商行是指粮行（米市）、鱼行和菜行。

金东门一带小桥流水，古建成群，星罗棋布，各领风骚。有宋代的四义楼、时思寺，元代的四圣观，明代的东岳庙、龙珠寺、文峰塔、状元坊、大司马府以及清代的万寿宫、郑板桥故居、赵海仙洋楼等。昭阳十二景中的“东皋雨霁”“龙舌春云”以及郊外的“两厢瓜圃”“十里莲塘”都坐落于此。

90. 兴化民歌有什么特点？

兴化是民歌之乡。从苏州移民带来的吴侬软语，伴以轻盈婉转的曲调，使得兴化民歌委

婉动听。兴化人民在旧社会饱经水患，然而不畏艰难困苦，从心底呼喊出节奏明快、高亢振奋的旋律。

刚柔并济恐怕就是兴化民歌的特点。

兴化民歌主要有“号子”和“小调”两种形式。

号子是人们在参与集体劳动时，为了统一劳动节奏、协调劳动动作、调解劳动情绪而唱的一种民歌。劳动的强度和速度决定了号子的曲调和节奏。

具有兴化特点的是三种号子：

划船号子。 水乡兴化，无船不出行。跟大江里的划船号子不同，虽然一样是迎着风浪，但里下河相对风浪较小，人们的歌唱也就显现为轻快和美。人们在划船的同时，随着波浪的起伏，配合着划桨的节奏歌唱，因此划船号子曲调欢快舒展、柔美流畅，有浓郁的水乡风情色彩。

车水号子。地处里下河 “锅底洼”的兴化，当年农业生产全靠人力水车来排涝或是灌溉。踏水车是一种劳动强度大的活计，因此，车水号子也就成了农村男劳力喊唱频率最高的号子。由于节奏紧凑，音调铿锵，运用极为经济的音乐素材来表达饱满的情绪，茅山车水号子很受群众和专家的青睐。1956 年，农民民歌手朱香琳还将茅山

号子唱进了中南海。

栽秧号子。兴化的栽秧号子，因为歌中用“阿里塥上栽”作衬词而传扬。曾被写入《中国音乐史》，入选《中国民间歌曲集成·江苏卷》。由林湖著名民歌手汤晓玲演唱的原声态磁带，成为中央音乐学院和江苏省中小学生音乐课中的视听教材。《阿里塥上栽》曾被写入《中国音乐史》，入选《江苏优秀民歌选》，流传十多个国家。

小调又叫小曲、小令等。代表作有《麒麟唱》《荡花船》《茉莉花》《月儿渐渐高》《杨柳青》《四季游春》《下河调》《送凤凰》《张皮垛哭青菜》《刮地风》等。广泛地流传于江淮一带，深受水乡人民的喜爱。

91. 茅山号子为什么能唱进中南海？

茅山号子，是兴化乃至里下河地区影响最大、最具代表性的劳动号子之一。它用当地方言，以即兴演唱的形式存在，特色鲜明，内涵丰富，涵盖了茅山人民的生产和生活情趣。有栽秧号子、车水号子、水田牛号子、撑船号子、调情号子，以及打夯、钉船、砌房、推磨等号子，应有尽有、蔚为大观。

朱香琳（右四）在练唱茅山号子

明快清新的栽秧号子是茅山人的流行歌曲，更是里下河地区水田号子中的翘楚。领唱、合唱交替进行的栽秧号子《小妹妹》，节奏紧凑，音调铿锵，一领众和，充满豪情。锣鼓作势、徒歌演唱的车水号子，节奏紧凑，音调铿锵，营造了热烈的气氛。水田牛号子号词含混，音律简约，是农人对耕牛下达的音乐命令，给枯燥的劳动生活增添了自娱的欢乐。茅山会船节中竞舟者所打的撑船号子，节奏急促强烈，坚定有力，一气呵成，表达了万众一心、众志成城的气势。茅山号子中的情歌或浓或淡、或委婉含蓄，或恣意直露，既朴素，又自然。

茅山号子旋律舒展，节奏明快，演唱自由，分合有致，高低协调，咏叹自如，行腔稳健，富有弹性。原生态的茅山号子，是兴化农耕文明的华章，是茅山人民与自然和劳动相结合又相碰撞而产生的艺术之花，具有隽永的历史文化价值。1956年，兴化民歌手朱香琳随江苏省歌舞团赴北京参加全国第一届文化周活动，并到中南海演唱“茅山号子”，受到毛主席等中央领导人接见。茅山号子现为国家级非遗项目。

92. 茅山会船的魅力何在？

清明会船源自清明节民间祭祀，祭奠当年抗金、抗倭、抗日的英魂及不同历史时期的外籍亡灵，再现当年的雄壮阵容。在兴化圩南地区，会船分布很广，茅山会船是这一片地区一系列民俗活动的典型代表。

茅山会船虽出于民众的自发组合，但仪式感很强。早在头一年夏季来临之前，就要选好下年所撑会船。在清明节前一周，选购符合撑会船用的头篙和梢篙，梢头都用红绿绸布包扎，然后用竹篾片将会船两侧船舷绑扎牢靠，再用木板铺好船面。撑会船人员约定时间“试水”，加强协调。

最后进行“彩化”：在每条会船上竖起一杆旗杆，上悬一面图腾不一的三角旗幡。代表自然村庄的大会船悬挂斜面龙旗，上面写上村庄的名字。茅山本地的主会船则悬挂金龙大旗。

茅山会船

一切准备妥当后，清明节三更时刻，茅山地区所有的村庄都醒来了。整装待发的会船集聚各村的中心码头，待船头的“头篙”将最后一户送来的麦饭浆酒、水果糕点放入招魂箩筐后，出会的锣声响起，篙子手一路号声不绝，有如古代出征。霎时，河面浪花高溅，船行如飞，向村外奠祭口、旧墓丛、古战场、险水湾疾驰而去。一到乱坟葬，集体登岸后，鸣锣前引，篙手们拿着铁锹、端上

供品，一路吆喝，召唤游魂，奔向一个个无主坟。培新土、插柳条、铺茅草花、奉三牲祭品、点香烛、放爆竹、焚纸磕头、酹奠酒浆、抛洒麦饭，以隆重、虔诚而周到的礼节奠祭招魂。

“招魂会祭”仪式结束后，各村会船纷纷云集至茅山西大河，举行会船表演。届时，来自周围几十个自然村庄的一条条会船踏风压浪，首尾相望，千人万篙，百舸竞发，一展水乡古战场金戈殪虏、气吞万里的情怀和气概。声势之宏大，场面之壮观，令人叹为观止。

傍晚，会船逐渐散去，陆续回村。晚上，所有参与活动的人员一齐共享会船上供奉的三牲美酒，既是慰劳，也是庆贺。一些村庄还在当晚搭台唱戏，或请僧道诵经超度，各户则集中焚化纸钱。

在漫长的历史长河中，茅山清明会船这朵具有无限生命力的奇葩始终常开不衰，从无间断。它有历史的传说和传承，体现了扶危济困、扬善崇德的传统美德，弘扬了同心同德、福祉桑梓、报效国家的精神，具有深厚的历史内涵和广泛的群众基础，也有完整的祭奠礼仪程序和禁忌，除了具有娱神和娱人的并重功能之外，还是乡民凝聚、认同和区域联系的载体，具有稳定和沟通社区内的各种人文关系、丰富地方文化生活的作用，体现出独特的社会文化意义，现为国家级非遗项目。

93. 兴化传统木船制造有哪些技艺？

造船作坊

兴化是水乡，河多船也多，船和水乡人的生产、生活密切相关，不可或缺。长期生活在水边的兴化人把传统木船制造技艺一代代传承下来，成为一项绝活。

选料备料之后，便是断料、配料。断料配料的尺寸依船体结构而定。船体一般是由船底、船帮和横梁组合成的船头、中舱和船艄三段体。船底前、后当浪分别由 13 块、17 块横板拼接而成，所谓“前十三（十三太保），后十七（十七大吉）”。

中舱船底是整个船底主要部分，小船由 5 至 7 块、大船由 9 至 11 块竖板拼接而成，其中心板两侧的两块板须用对开圆木作为船底的盘骨，以增加整个底板的牢度。

船帮贯串前后不分段，一般由 6 块长板拼成：分别叫“水校”“旱校”“大纳”“箍板”“插子”。最上边是用对开圆木做成的“碗板子”，或叫“盖口子”。与“盖口子”相应的前、后当浪结顶处，也各有一块用对开圆木做成的圆面向上的“横梁”，分别叫“前颈头”（或“头颈”）和“后颈头”（或“艄颈”）。中舱前、后各有一道隔舱板叫“横梁”，其结顶处是一块稍厚的平板，叫“面梁”。面梁正中开一方（或圆）洞，插桅杆用，叫“桅眼”。

船体长度以中舱为准，三舱均匀，唯船头略长。

钉船主要用板材。分板、刨光，按需要做成成品板材。打好钉眼的板料用大头尖尾的掺钉拼接成船帮、船底和隔舱板之后，进行“投船”（即组装）。一般是先将中舱底板与前后隔舱板进行连接，再将两边船帮与底板、隔舱板连接、加固。

船体组装完成之后，为保证其安全可靠、经久耐用，极为关键的两项技术措施是断漏和防腐。断漏主要靠过硬的“打麻”功夫；防腐则全凭精湛的“油船”技术。

打麻分“碾灰”“填灰”“捻缝”“封口”等工序。全部做成之后，将硬如石头，能保持十几年不漏。

“油船”是船板防腐、保证船体经久耐用的主要手段，分“上底油”“罩面油”“打晒油”三种。正常须三四年或五六年上一次岸修理上油。

新船下水要举行“吉水”仪式，披红挂绿插金花，敬神求平安，十分隆重。

2007 年 3 月，兴化木船制作工艺被江苏省人民政府列入省级非物质文化遗产名录，2008 年 6 月被列入国家级非物质文化遗产名录。

94. 兴化农民画有什么特色？

兴化农民画的发端，应该是垛田农民画。垛田是全球重要的文化遗产。“河有万湾多碧水，田无一垛不黄花”的垛田，特有的地形地貌特征与浓郁芬芳油菜花相互交融，给生于斯长于斯的农民画作者以无限的启迪。垛田之美是独一无二的，垛田农民画的美也是独一无二的。有专家说，在他们的画作之中，有学院派画家所没有的，甚至在传统文人与民俗风景画里都无法涵盖的一种气质、一种情调。地域性、本土化、美学定位、特殊情调，使得农民画形成独有的特色。垛田农民画似民俗画，似现代画，似唐卡风，似日本画，甚至可以看到《向日葵》之绚烂色彩，达利作品之变形面孔，杨柳青年画中的大俗之趣。

庆祝新中国建国 70 周年兴化农民画作品

垛田农民画的特色，是构思巧妙，稚拙中见古朴，粗犷中见流畅，艳丽中见明快，具有独特的艺术风格。李玉书、王一兆、徐兴海、王雪梅、仲憬等人继承传统，融合中国画、西洋画的表现技巧，别具一格。垛田农民画作品以表现农村现代生活或田园风光为主，立意好，有深度，具有较强的艺术性、装饰性和观赏性。垛田街道（原垛田镇）于 2011 年专门成立了“垛田农民画研究会”，旨在发展队伍、深化研究、推进创作、加强交流、培植产业。垛田民间书画艺术源远流长，其表现内容有人物、山水、花鸟，表现形式有农民画、国画、书法、篆刻、剪刻纸、裱扎等。进入当代，一群书画爱好者循古风而习今法，研习书画乐此不疲。垛田街道（原垛田镇）于 1993 年成立了书画协会，组织书画爱好者学技法、搞创作、办展览、参加各级各类比赛。至今，当地拥有书画创作骨干 30 多人，业余爱好者 100 多人，有 100 多件作品参加了泰州市级以上展览和比赛，60 多件作品获省级奖项，8 件作品获国家级奖项，使得垛田街道（原垛田镇）于 2002 年被江苏省文化厅命名为“江苏省民间艺术之乡”。

95. 兴化为什么要举办郑板桥艺术节？

以“诗书画”三绝闻名于世的郑板桥是“扬州八怪”的代表人物之一，不仅“诗书画”三绝在中国书画史上影响极大，同时他为官清廉、“一枝一叶总关情”的情怀，也历来被广大群众所称颂。兴化市政府借助这一张亮丽的名片，以繁荣文化、宣传兴化、推进发展、普惠民生为指导思想，推动经济建设、促进文化繁荣、发展城建旅游，使郑板桥艺术节成为文学艺术的盛会，经济建设的纽带。同时借助板桥节这一平台，挖掘节庆经济潜能，进一步宣传兴化，展示招商合作成果，吸引更多的客商来兴投资创业。

第十三届郑板桥艺术节文艺演出

兴化自 1993 年以来，每两年举办一届郑板桥艺术节，以节为媒，展深厚文化底蕴，促经贸交流合作，形成了具有鲜明特色的文化节庆品牌和宣传推介兴化的重要载体。

通过举办郑板桥艺术节，进一步弘扬板桥文化、推进招商引资、促进开放融合、彰显兴化元素，不断提升兴化的知名度、美誉度，不断增强群众的幸福感、归属感，把国内外客商的目光聚焦到兴化，让更多的朋友走进兴化、热爱兴化、投资兴化。郑板桥艺术节以节为媒、以节会友、以节厚文，通过开展多种形式的活动，进一步展现了兴化独特魅力，激发了兴化发展活力。郑板桥艺术节还开展多项策应活动，精彩纷呈，亮点频现。经贸活动好戏连台、纪念活动影响广泛、文化活动丰富多彩，坚持围绕“展示兴化、宣传兴化、繁荣兴化、发展兴化”的办节主旨，各项活动不仅促进了发展、提升了文化、扩大了影响，更增进了友谊、凝聚了合力。随着兴化市经济的持续发展，经贸类的交流洽谈活动也逐步成为板桥艺术节的一大组成部分，旨在借力板桥节，助推兴化经济多重发展。

96. 兴化为什么能获得“中国小说之乡”称号？

2012 年 4 月 21 日，中国小说学会授予兴化市全国首家“中国小说之乡”称号。这是因为自

古至今，兴化人著书立说蔚然成风，使这片水乡沃土有深厚的文学渊源、特殊的地域文化背景、显见的名人效应及文化自觉，因而兴化的小说创作能够持续发展并趋向繁荣。

四大古典名著中有三部与兴化有关

我国四大古典名著中三部与兴化有较深的渊源。古典名著《水浒传》是我国第一部章回体长篇白话小说，作者是兴化人施耐庵，被称为“中国长篇小说之父”。《三国演义》的作者罗贯中是施耐庵的学生。《西游记》的各种版本均标注有“华阳洞天主人校”，“华阳洞天主人”是指兴化籍“状元宰相”李春芳，他不仅是《西游记》的校订者，也是《西游记》的隐身作者。

此外，从明清至民国，兴化还涌现出一批有影响的小说创作者。明代兴化人陆西星创作了《封神演义》；清初兴化人李清创作了《梼杌闲评》（又名《明珠缘》）《女世说》《鬼母传》；晚清天长人宣鼎寓居兴化期间，进一步丰富了《夜雨秋灯录》的内容，鲁迅曾把这部作品与王韬的《淞隐漫录》等书相提并论，谓其笔致为《聊斋》一流；兴化人刘熙载因撰写文艺论著《艺概》，被誉为“东方黑格尔”；民国前期，刘熙载孙女、刘韵琴创作了多篇小说，其中的《大公子》是我国第一部现代白话短篇小说，她是我国现代第一位女作家。因此说兴化是中国长篇小说发祥地、明清小说的重要基地。

据统计，自元至清，县志收录的邑人著作有 320 多部，其中 14 部被收入《明史·艺文志》，5 部被收入《四库全书》。

二十世纪八十年代以来，兴化涌现出一大批在小说创作方面卓有成就的作家，形成了一个群星璀璨的作家群体，其中，三人五次荣获鲁迅文学奖、茅盾文学奖，形成了引人注目的“兴化文学现象”。

据初步统计，兴化籍作家及文学创作爱好者累计出版现当代小说及文学评论集 130 多部，有中国作协会员 15 名、省作协会员 78 名、泰州市和兴化市作协会员 300 多名，文学创作爱好者数以千计。

97. 哪几位兴化籍作者获得过茅盾文学奖、鲁迅文学奖？

当代获得茅盾文学奖、鲁迅文学奖的兴化籍作者有三位，他们是毕飞宇、王干、朱辉。其中毕飞宇获鲁迅文学奖两次、茅盾文学奖一次，王干获鲁迅文学奖一次，朱辉获鲁迅文学奖一次。

毕飞宇出生于兴化大营乡，1987年毕业于扬州师范学院中文系，从教五年，当代著名作家、南京大学教授、江苏省作家协会副主席、中国作协第九届全委会委员。著有中短篇小说近百篇，代表作品主要有：短篇小说《哺乳期的女人》《地球上的王家庄》《彩虹》，中篇小说《上海往事》《青衣》《玉米》，长篇小说《那个夏季，那个秋天》《平原》《推拿》。作品被译成法文等多种文字在国外出版，被改编

兴化籍作家毕飞宇

的电影有《摇呀摇，摇到外婆桥》、电视连续剧有《青衣》。两度获得鲁迅文学奖，长篇小说《推拿》获第八届茅盾文学奖，还获得其他多个文学奖项。2017年获法国文化部授予法兰西文学艺术骑士勋章。

王干，著名文学评论家，兴化茅山镇人，1985年毕业于扬州师范学院中文系。曾任《文艺报》记者、《钟山》编辑、江苏省作家协会创作室副主任、《东方文化周刊》执行主编等职，现任《小说选刊》副主编、中国书法篆刻研究所教授、中国文艺理论学会理事。1979年开始发表文学作品，二十世纪八十年代中期开始撰写当代文学评论，1990年加入中国作家协会。已出版评论专著《世纪末的突围》《苦涩的世界》《揭开朦胧之谜》，还有《王蒙王干对话》《南方的文体》《边缘与暧昧》《王干文学对话录》《灌水时代》等评论集，《静夜思》《另一种心情》《青春忧郁》等散文集。王干是我国“新写实”“新状态”等文学思潮的倡导者之一，2010年作品《王干随笔选》获第五届（2007—2009）散文杂文类鲁迅文学奖。

朱辉，江苏省作协首届签约作家，兴化戴窑镇人，中国作家协会会员。1985年毕业于南京河海大学，留校工作，现任南京河海大学出版社副总编，一级作家、副编审、文艺学硕士生导师。大学期间开始文学创作，主要作品有长篇小说《我的表情》《牛角梳》《白驹》《天知道》，小说集有《红口白牙》《我离你一箭之遥》等，曾获多个奖项。2018 年短篇小说《七层宝塔》获第七届鲁迅文学奖。

98. 兴化举办施耐庵文学节有什么意义？

2018 年 11 月 9 日至 23 日，以“传承兴化文脉共建文学之城”为主题的中国·兴化首届施耐庵文学节，在水乡兴化这块文学沃土上举行。

兴化是板桥故里，水浒摇篮。这里自古贤人辈出，施耐庵、宗臣、陆西星、郑板桥、刘熙载、刘韵琴等历史名人如日月星辰闪耀于文学的星空。先贤们的巨大成就成为家乡人藏于心间的骄傲资本，丰富着人们的精神家园。施耐庵自然是节日的主角与灵魂。他创作的四大名著之一《水浒传》为后世中国小说创作的典范。

兴化自 2011 年设立施耐庵文学奖，旨在激发文化创新创造活力，推动中国长篇叙事文学的创新与繁荣，为提升汉语长篇叙事作品的世界地位，贡献“兴化力量”。文化的力量贵在自信。对于兴化人来说，以特有的方式回望、纪念这位先贤，既是精神上的寄存，也是砥砺前行的动力，更是实现梦想的力量与温度。举办施耐庵文学节一定会推动文艺创新，繁荣文艺创作，创作出更多无愧于时代的优秀作品；也一定会成为兴化叫响世界的又一张文化名片，进一步放大“兴化文学现象”，提升兴化的知名度、美誉度。

里下河平原上的兴化，纵横交错的河流滋润着这方水土上的芸芸众生。灵水秀土，崇文尚雅，著书立说蔚然成风，绵绵不绝的文脉犹如条条奔向大海的河流，丰沛而又温润。在当代，中国文坛涌现出一大批有成就的兴化籍作家，创造了文学领域独特的“兴化现象”。难能可贵的是，在兴化本土有一群坚守文学梦想的业余创作者，他们勤奋耕耘，用文字传承这一方水土的精神依存和文化底蕴。

一个时代有一个时代的主题，一个时代有一个时代的文学，一个时代有一个时代的精神。从“小说之乡”到“文学之城”，虽然并没有明显的“时代感”，也非简单由“乡”到“城”的过渡与变化，而是为了构建一个更大平台、更宽领域、更有深度和内涵的文学高地。

对于兴化而言，文学不失为这个婉约小城的

清亮底色。打造一座独具气质的“文学之城”，既是践行“人文兴市”战略的需要，也是“文化兴化”建设的需要。

99. 兴化为什么被称为“国象之乡”？

侯逸凡（左）与谷笑冰

国际象棋在兴化有着广泛的群众基础。自二十世纪九十年代以来，兴化国际象棋选手多次在国际、国内大赛中取得骄人成绩。兴化共有 2 名国家大师、1 名亚洲棋联大师、1 名棋协大师、2 名国家一级运动员和 40 多名国家二级运动员。2010 年，兴化被国家棋牌管理中心授牌，成为我国首个“国际象棋之乡”。

代表人物谷笑冰，国际象棋女子国际特级大师，国际级运动健将，国家队队员。1995 年第一次获得全国分龄组冠军，以后多次在全国各类比赛中夺魁，曾多次代表国家队到巴西、法国、俄罗斯、希腊、印度等 10 余个国家参加国际比赛。2004 年代表南开大学取得世界大学生团体赛的冠军，曾在全国比赛中战胜世界冠军谢军、许昱华、诸宸等名将。2003 年，经国际棋联批准成为江苏省第一位国际象棋女子国际特级大师；2004 年被国家体育总局授予国际级运动健将称号。同年，担任中央电视台国际象棋栏目讲解人，兼任北京《新京报》特约记者。

侯逸凡，国际象棋女子国际特级大师，当今棋坛的国际巨星。2002 年在郑州获“棋童杯”10 岁女子组冠军，并获大师称号，成为我国年龄最小的棋协大师。2003 年在北京获国际象棋奥林匹克少年团体赛选拔赛 10 岁女子组冠军。2003 年在希腊雅典获世界青少年国际象棋锦标赛 10 岁女子组冠军，并获国际棋联大师称号，成为我国年龄最小的国际棋联大师。2006 年晋升为国际象棋女子国际特级大师。在 2007 年首届全国国际象棋联赛上，以 12 胜 6 平的成绩荣获全国女子团体冠军，并获国家大师称号。

郭琦，在第 15 届“李成智杯”全国少年儿童国际象棋冠军赛中获得 12 岁女子组冠军，后被授予国际象棋特级大师称号。2003 年获“一级棋士”称号。2006 年获女子国际象棋“棋协大师”称号。后在阿联酋国际棋联大会上晋升为女子特级大师。

此外，尚有景姗姗、聂昕、刘曼犁等获得省级以上国际象棋比赛冠军。

100. 兴化有哪几种中国地理标志产品？

兴化市现有中国地理标志产品 5 个，分别是兴化香葱、兴化大闸蟹、兴化大青虾、兴化大米、兴化红皮小麦。

国家质检总局《地理标志产品保护规定》规定，地理标志产品是产自特定地域，所具有的质

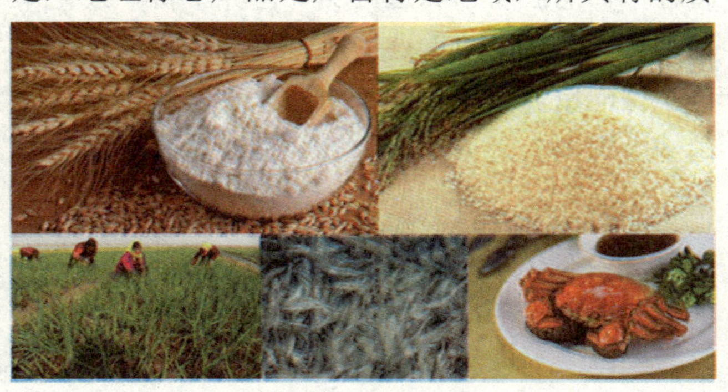

兴化中国地理标志产品

量、声誉或其他特性本质上取决于该产地的自然因素和人文因素，经审核批准以地理名称进行命名的产品，包括：来自本地区的种植、养殖产品；原材料全部来自本地区或部分来自其他地区，并在本地区按照特定工艺生产和加工的产品。

兴化香葱是 2007 年由中华人民共和国国家质量监督检验检疫总局颁发地理标志产品保护。兴化香葱组织鲜嫩、辛辣芬芳，色泽青绿，品质极佳。由于兴化常年雨水充沛，日照充足，气候温暖，四季分明，水网密布，热量条件好，十分适宜香葱的生长。

兴化大闸蟹是 2009 年由中华人民共和国农业部颁发地理标志产品保护。兴化大闸蟹具有母蟹膏红、公蟹脂满，肉质紧实、细嫩，鲜中带甜的特征，口感独特、味道鲜美、营养丰富。兴化作为江苏省河蟹养殖重点基地，2008 年被国家评为“中国河蟹养殖第一县”。兴化大闸蟹成为“中国十大名蟹”之一，品牌效应日益凸显，名扬海内外。

兴化大青虾是 2009 年由中华人民共和国农业部颁发地理标志产品保护。兴化大青虾胸围、腹围、尾围“三围”突出，壳薄、肉嫩、个大、味美。鲜活大青虾头部、胸部呈现青蓝色并伴有棕绿色斑纹，体表光洁半透明、色泽鲜亮，全身分为二十节，呈纺锤体，臂长突出。

兴化大米是2009年由中华人民共和国国家质量监督检验检疫总局颁发地理标志产品保护。稻谷金黄、晶莹透亮、腹白小、硬质粒多、米粒饱满、柔软油润，口感极佳。大米晶莹透亮，粒形适中。大米蒸煮时，饭粒完整，米饭柔软油润，浓香持久，米饭冷后不硬且有黏性。

兴化红皮小麦是2009年由中华人民共和国国家质量监督检验检疫总局颁发地理标志产品保护。兴化红皮小麦出粉率高、粉色白、灰粉低，面筋数量适中，稳定性高，面团弹性好；食品加工性能好，适合制作优质馒头和面条，也能搭配制作花面包；食用品质好，色香味纯正。

后　记

《兴化历史文化100问》的征编工作起步于2018年初。经过二年多的努力，现正式出版与读者见面。

本书以问答形式，基本按照年代顺序，梳理了100个知识点做简要答问。从影山头文化到现当代文化，纵横6000余年，涉及历史、地理、人文、生态、建筑、文学、教育、医学、宗教等诸多方面，可以说是兴化文化的小百科全书。

成书过程中，市委宣传部、市文体广电和旅游局高度重视。在市申报国家历史文化名城领导小组办公室设立编辑部，并聘请多位文史专家组成专家组，多次召开会议，广泛征求意见，制定选题规划，并根据各人研究专长，进行分工撰写。初稿形成后，又进行多轮次增补、删减，对有疑问的地方进行集中专题讨论，通过查证县志和相关文献等多种方法，去伪存真，确保选题的科学性、史料的真实性，并力求在文风上保持相对统一。

本书所辑100个问题和答案，知识性、趣味性、可读性都很强，是立体展示兴化历史文化的一册教科书。由于征编时间仓促，不足之处在所难免，敬请各位读者指正，多提宝贵意见，我们将在再版时进行修改。

《兴化历史文化100问》编辑部

2020年3月

图书在版编目（CIP）数据

兴化历史文化100问 / 刘春龙主编. -- 南京：江苏凤凰文艺出版社, 2020.10（2022.1重印）
ISBN 978-7-5594-4478-3

Ⅰ. ①兴… Ⅱ. ①刘… Ⅲ. ①文化史—兴化 Ⅳ. ①K295.34

中国版本图书馆CIP数据核字(2019)第290795号

兴化历史文化100问
刘春龙 主编

出 版 人 张在健
责任编辑 曹 波
装帧设计 李劲松
责任印制 刘 巍
出版发行 江苏凤凰文艺出版社
南京市中央路 165 号，邮编：210009
网 址 http://www.jswenyi.com
印 刷 三河市燕春印务有限公司
开 本 787毫米×1092毫米 32开
印 张 7
字 数 110千字
版 次 2020年10月 第1版
印 次 2022年1月 第2次印刷
书 号 ISBN 978-7-5594-4478-3
定 价 36.00元

江苏凤凰文艺版图书凡印刷、装订错误，可向出版社调换，联系电话 025-83280257